绿色食品产业现代农业服务业研究
——以黑龙江省为例

尚慧丽 著

科 学 出 版 社

北 京

内 容 简 介

本书首先从理论和实践两个方面研究三次产业如何融合、互动发展；着重探讨了农业与农业服务业的互动发展和现代农业服务业与绿色食品产业的发展关系；基于黑龙江省绿色食品产业和黑龙江省绿色食品产业现代农业服务业的发展实际，提出了提升黑龙江省绿色食品竞争力的现代农业服务业发展对策。

本书适合从事绿色食品和农业服务业相关研究的学生、科研人员学习和阅读，也适合相关决策人员参考阅读。

图书在版编目（CIP）数据

绿色食品产业现代农业服务业研究：以黑龙江省为例/尚慧丽著. —北京：科学出版社，2020.6

ISBN 978-7-03-061861-0

I. ①绿… II. ①尚… III. ①绿色食品-产业发展-研究-黑龙江省 IV. ①F426.82

中国版本图书馆 CIP 数据核字（2019）第 145588 号

责任编辑：杭　玫 / 责任校对：贾娜娜
责任印制：张　伟 / 封面设计：无极书装

科 学 出 版 社 出版
北京东黄城根北街 16 号
邮政编码：100717
http://www.sciencep.com

北京虎彩文化传播有限公司 印刷
科学出版社发行　各地新华书店经销
*
2020 年 6 月第 一 版　开本：720 × 1000　B5
2020 年 11 月第二次印刷　印张：9
字数：181 000
定价：82.00 元
（如有印装质量问题，我社负责调换）

前　言

　　农业是人类生存的根本，社会科学来源于社会生活、社会研究服务于社会生活，因而关于农业的话题一直是社会研究关注的焦点。技术进步、经济发展，第二产业、第三产业接连兴起，世界不断变化，但农业举足轻重的地位不变，尤其对人多地少的中国来说更是如此。

　　黑龙江省是农业大省，是全国重要的商品粮生产基地。绿色食品产业是现代农业的重要组成部分，其发展对促进现代农业发展、农民增收、企业增利、生态环境的保护和改变都起到推动作用。而农业服务业作为农业中的第三产业，其"润滑剂"的作用对提升农业劳动生产率，促进现代农业发展具有重要的意义。

　　本书从三次产业互动发展入手，研究农业服务业与农业的互动发展，并在此基础上分析绿色食品产业对现代农业服务业发展的需要及黑龙江绿色食品产业服务业的供给情况，最后提出黑龙江省绿色食品产业农业服务业的重点发展领域。

　　本书受哈尔滨商业大学学科项目"现代服务业支撑龙江振兴发展研究"（项目编号：HX2016001）资助。

　　本书是在作者相关研究的基础上完成的，但由于时间仓促，加之作者的学识、能力所限，书中难免有不足之处，敬请读者批评指正。

尚慧丽

2017 年 12 月

目　录

第一章 理论基础

第一节 相关概念界定

一、绿色食品的概念及分类

从 1990 年农业部正式向全社会推出绿色食品,中国绿色食品产业至今已走过了 30 年的历程。发展绿色食品是中国农业和农村经济改革发展的必然产物,是提升农产品质量安全水平、保障广大人民健康消费的有效途径,也是推动现代农业建设的战略选择。

(一)绿色食品的界定

绿色食品是遵循可持续发展原则,按照绿色食品标准生产,经专门机构认定,许可使用绿色食品商标标志的安全、优质、营养类食品。绿色食品并非指“绿颜色”的食品,而是对安全、无污染食品的一种形象表述。绿色象征生命和活力,自然资源和生态环境是食品生产的基本条件,由于与环境、健康和安全相关的事物通常冠以“绿色”,为了突出这类食品出自良好的生态环境,以及对环境保护的有利性和产品自身的无污染与安全性,因此命名为绿色食品。绿色食品又分为 AA 级和 A 级。AA 级和 A 级的根本区别为:AA 级绿色食品在生产过程中不允许使用化学合成物质;A 级绿色食品在生产过程中允许限量使用限定的化学合成物质。

(二)绿色食品的分级

如前所述,绿色食品分为 A 级和 AA 级。

A 级绿色食品是指在生态环境质量符合规定标准的产地,生产过程中允许限量使用限定的化学合成物质,按特定的生产操作规程生产、加工,产品质量及包装经检测、检查符合特定标准,并经专门机构认定,许可使用 A 级绿色食品标志的产品。

AA 级绿色食品是指在生态环境质量符合规定标准的产地,生产过程中不能使用任何化学合成物质,按特定的生产操作规程生产、加工,产品质量及包装经检测、检查符合特定标准,并经专门机构认定,许可使用 AA 级绿色食品标志的产品。AA 级绿色食品与有机食品是同一档次的食品。

农业部[①]根据我国国情，通过发展 A 级绿色食品为广大人民群众提供安全、优质食品，满足国内消费需要。通过发展 AA 级绿色食品与国际有机食品接轨，促进我国农产品出口创汇。

AA 级绿色食品与 A 级绿色食品的主要区别在于生产技术标准的不同，AA 级要求完全按有机农业生产方式生产，A 级要求基本按有机农业生产方式生产，但可适当保留常规生产方式。

二、服务业的概念及分类

（一）服务业的内涵

国外学者对于服务业基本内涵的研究主要是从其包括的行业入手的。例如，Fisher（1935）认为第三产业包括旅游、娱乐、文化、艺术、教育、科学和政府活动等以提供非物质性产品为主的部门，其基本性质是提供服务，满足人类除物质需要以外的更高级的需要。克拉克把国民经济结构明确地划分为三大部门，他认为第三大部门是服务业，包括建筑业、运输业、通信业、金融业、专业性服务和个人生活服务、政府行政和律师事务服务、军队等。另一个具有代表性的定义是服务业的概念不包括传统服务业及与物质产品生产紧密相关的服务业，而是包括批发、零售、美容、洗衣等生活服务，银行、保险等企业服务，以及运输、通信、公用事业、卫生、教育、科研、行政管理等服务。

再看国内学者的相关研究。黄少军（2000）指出在现代后工业社会，服务业的发展不是由最终需求推动的，而是由技术进步、分工深化和管理方式变革引起的对服务的中间需求增加所带动的，这种对服务的中间需求大部分与商品的生产、流通和消费有关。此外，工业生产方式由大规模、标准化的福特制向小规模、个性化的弹性生产方式的转变也导致中间性服务需求的增加。弹性生产方式下，灵活的管理和市场运作格外重要，这使管理和市场运作等部门逐渐强化，并在专业化分工基础上逐渐独立化，从而成为独立的市场活动。在此基础上，黄少军（2000）主张将服务业发展的研究纳入西方经济学框架中，从微观到宏观全方位地探究其发展规律及内在机制。他定量分析了服务业生产率、服务业产出等问题，并在应用购买力平价指数对截面国民生产数据和历史生产数据进行实证分析的基础上，得出服务业与经济增长的关系不是一次线性的，而是如一个三次曲线的复杂关系。另有观点认为在国际多边贸易体系中，服务业是指我国现行国民经济统计体系中服务业和建筑业（不含建材和设备生产）之和。黄维兵（2003）认为服

---

① 2018 年中共中央印发了《深化党和国家机构改革方案》，决定组建农业农村部，不再保留农业部。

务业是生产或提供各种服务的经济部门或企业的集合。服务业的生产的基本特征是，以服务形式提供满足社会生产需要和人们消费需要的各种使用价值。更进一步的研究运用分工和企业理论，证明了经济中介组织是企业内部专业化分工和产业分工细化的产物。其指出当企业服务部门的专业化分工达到一定水平时，经济中介的出现节约了企业生产部门与服务部门的内生交易成本，因此经济中介内生于企业内部的专业化分工；反之，若服务部门完全没有专业化分工，则经济中介组织不会出现。其还推论出，企业服务部门的专业化分工水平越高，企业使用经济中介的实际成本就越低，经济中介越容易从企业的服务部门内生。郑吉昌和夏晴（2010）分析了服务业发展与分工演进的关系，认为两者之间是一种相互影响、相互促进的良性循环关系：从静态角度看，服务业的发展是社会分工发展的结果，分工的发展促进了服务业的发展；从动态角度看，服务业的发展又是分工发展和深化的前提与条件，服务业对分工具有促进作用。江小涓（2004）认为凡不属于农业和工业的产业部门都是服务业。张淑君（2006）指出服务业是指具有服务生产特性，能够为国民经济创造新增价值，为人类生活或社会生产提供服务的行业部门。

服务业随着经济的发展而不断的发展变化，所包括的部门十分庞杂，且各服务部门之间不断分化组合，因而应从动态的角度来看待服务业。服务业的多样性是导致服务业难界定及分类多样化的根本原因。服务业究竟涵盖了哪些行业和包括哪些内容，在不同的国家和地区，或不同的历史时期，都是有很大差别的，目前对服务业还没有一个得到普遍认可的、完整的理论描述。对其研究的方法主要可以概括为两种：一种是排他法，即除了第一产业、第二产业以外的产业部门都属于服务业；另一种是描述，即通过给出服务业的内涵，把从事生产、经营并符合服务内涵的行业称为服务业。为了研究和分析的需要，综合国内外学者的研究成果，作者认为服务业是生产或提供各种服务的经济部门或企业的集合，以服务形式提供满足社会生产需要和人们消费需要的各种使用价值。

（二）服务业的分类研究

对服务业分类进行研究是很有必要的，它是进行定量和比较分析，以及对服务业内部结构进行研究的基础。在对哪些行业应属于服务业进行研究的基础上，国内外的学者对服务业的内部结构，以分类的形式进行了深入的研究。

（1）按照服务活动的功能和性质进行分类。这种分类法是国外对服务业分类进行研究所采用的主要方法。美国经济学家布朗宁（Browning）和辛格曼（Singelmann）根据联合国标准产业分类（International Standard Industrial Classification，ISIC），将服务业进行了分类，具体见表 1-1。

表 1-1 布朗宁和辛格曼的服务业分类

服务生产部门	具体内容
消费者服务业	招待与食品服务业、私人服务业、娱乐与消遣服务业、杂项服务业
生产者服务业	企业管理服务业、金融服务业、保险与房地产业
分配性服务业	运输与储藏业、交通与邮电业、批发与零售业

资料来源：陈宪（2000）

从表 1-1 中可知，最初的分类只包括了三类服务业，即消费者服务业、生产者服务业和分配性服务业。为了完善上述的研究成果，辛格曼通过进一步的研究（Singelmann，1978），对服务业重新进行了分类，将服务业分为四部分：流通服务业、生产者服务业、社会服务业和个人服务业四类，见表 1-2。

表 1-2 辛格曼四分法

服务生产部门	具体内容
流通服务业	交通业、仓储业，通信业、批发业，零售业（不含餐饮），广告及其他销售服务业
生产者服务业	银行、信托及其他金融服务业，保险业、房地产业，工程和建筑服务业，会计和出版业、法律服务业，其他营业服务业
社会服务业	医疗和保健业、医院，教育，福利和宗教服务，非营利机构，政府、邮政，其他专业化服务和社会服务业
个人服务业	家庭服务业，旅馆和饮食业，修理服务、洗衣服务，理发与美容，娱乐和休闲，其他个人服务业

资料来源：Singelmann（1978）

表 1-1 与表 1-2 的对比表明，辛格曼四分法更为具体和全面。在辛格曼四分法基础上形成了现在世界各国通行的分类方法，该方法将服务业分为以下四类。一是分配性服务业：消费者和生产者为获得商品或供应商品而购买的服务，如交通运输与仓储业、邮电通信业、商业、公用事业。二是消费者服务业：直接面向个体消费者的消费支出的服务，如接待与食品服务、私人服务、娱乐与消遣服务、杂项服务。三是生产者服务业：为生产、商务活动和政府管理提供的服务，如对企业管理的服务、金融、保险与房地产。四是社会性服务业：政府或非营利组织向社会提供的服务，如教育、医疗、福利等。它们的比较见表 1-3。

表 1-3 辛格曼四分法与西方服务业四分法的分类比较

辛格曼四分法		西方服务业四分法	
一级分类	二级分类	一级分类	二级分类
生产者服务业	银行、信托及其他金融服务业	生产者服务业	金融业
	保险业、房地产业		保险业

续表

辛格曼四分法		西方服务业四分法	
一级分类	二级分类	一级分类	二级分类
生产者服务业	工程和建筑服务业	生产者服务业	不动产业
	会计和出版业、法律服务业		商务服务业
	其他营业服务业		
流通服务业	交通业、仓储业	分配性服务业	交通运输与仓储业
	通信业、批发业		邮电通信业
	零售业(不含餐饮)		商业
	广告及其他销售服务业		公用事业
个人服务业	家庭服务业	消费者服务业	餐饮业
	旅馆和饮食业		旅馆业
	修理服务、洗衣服务		娱乐与休闲业
	理发与美容		私人服务业
	娱乐和休闲		
	其他个人服务业		
社会服务业	医疗和保健业、医院	社会性服务业	行政服务业
	教育		教育
	福利和宗教服务		医疗
	非营利机构		福利
	政府、邮政		国防
	其他专业化服务和社会服务业		司法
			军队和警察

资料来源:方远平和毕斗斗(2008)

西方服务业四分法相比较辛格曼四分法则更为全面和具有代表性,与现实经济的发展也更为一致。

(2)按服务业的作用和特点分类。Katouzian(1970)根据罗斯托的经济发展阶段理论,将服务业归为三类:传统服务业(old services)、新兴服务业(new services)与补充性服务业(complementary services)。传统服务业于工业化之前即处于繁荣期,其重要性及对经济增长的贡献伴随着工业化进程深入而下降,变化的主要原因是家庭权利和责任的变化导致社会关系的变化,这类服务业是指家庭与个人服务业。传统服务业有两种含义:一是指需求是"传统"的,即其需求在工业化以前就广泛存在；二是指生产方式是"传统"的，即"前资本主义生产方式"。新兴服务业是指工业产品的大规模消费阶段以后出现的加速增长的服务业，包括教育、医疗、娱乐、文化和公共服务业。之所以被称为"新兴服务业"，不是因为是新产生的，而是在人类发展的各个时期都存在的，只不过在此之前的发展相对停滞。补充性服务与生产的迂回化进程密切相关，即这类服务业发展与伴随工业化进程深化而产生的中间需求的增长关联性很强，即补充性服务业是相对制造业而言的，这类服务业的发展与工业化有关，可以说它们是为工业生产和工业文明服务的，是工业化过程的"衍生物"，具体包括金融业、交通业、通信业、商业及政府部门的法律服务等。

（3）国际服务贸易分类。根据乌拉圭回合多边贸易谈判达成的《服务贸易总协定》规定，服务贸易的范围包括除政府当局实施政府职能提供的服务外的任何部门的任何服务。根据世界贸易组织统计和信息系统局（Statistics and Information Systems Bureau，SISD）提供的，并经世界贸易组织服务贸易理事会评审认可的服务贸易分类表，按照一般国家标准（general national standards，GNS）服务部门分类法，全世界的服务部门被分为十一大种类 143 个服务部门/项目。此外，还有几种与国际服务贸易相关的统计系统和分类，如经济合作与发展组织（Organization for Economic Co-operation and Development，OECD）将服务业分为五大类，见表 1-4。

表 1-4　OECD 服务业分类

类别	所包括的服务部门
第一类（Ⅰ）	批发业、零售业、餐饮和旅馆业
第二类（Ⅱ）	运输业、仓储和通信业
第三类（Ⅲ）	金融业、保险业、房地产和商务服务业
第四类（Ⅳ）	公共管理及国防
第五类（Ⅴ）	教育、卫生、社会服务业及其他

资料来源：张淑君（2006）

（4）中国国家统计局的分类。我国国家统计局于 1985 年开始执行的服务业分类与辛格曼四分法相似，即根据服务消费的性质划分出流通部门、为生产和生活服务的部门、为提高科学文化水平和居民素质服务的部门、为社会公共需要服务的部门共四个层次，其具体包括以下内容。①流通部门：交通运输业、邮电通信业、商业饮食业、物质供销和仓储业。②为生产和生活服务的部门：金融保险业、地质普查业、信息咨询业、技术服务业、房地产业、公用事业、居民服务业、旅游业等。③为提高科学文化水平和居民素质服务的部门：教育、文化、广播电视事业，科学研究事业，卫生、体育和社会福利事业等。④为社会公共需要服务的部门：国家机关、政党机关、社会团体，以及军队和警察。整体上说，1985年的分类体系不够具体，存在界限模糊的问题。

技术进步推动着服务业的发展，导致新兴服务部门的出现，原来的服务业分类体系难以适应新的形势，因此，国家统计局在这之后又对服务业的分类进行了调整。

2003年5月，国家统计局公布了新的《三次产业划分规定》，该界定将第三产业分为以下十五大类：交通运输、仓储和邮政业；信息传输、计算机服务和软件业；批发和零售业；住宿和餐饮业；金融业；房地产业；租赁和商务服务业；科学研究、技术服务和地质勘查业；水利、环境和公共设施管理业；居民服务和其他服务业；教育；卫生、社会保障和社会福利业；文化、体育和娱乐业；公共管理和社会组织；国际组织。新的分类方法更加注意按照不同服务业属性进行分类，相比较而言，分类更加细致、合理；而且高度重视了如信息传输、计算机服务和软件业与租赁和商务服务业这样的新兴服务业，对这两类服务进行单列。新的分类按照国际通行的经济活动同质性原则划分行业，进一步打破了服务业部门管理界限，新增了大量服务业方面的活动类别，反映了近年来我国经济发展中新兴的服务活动。

2011年，国家质量监督检验检疫总局和国家标准化管理委员会颁布了新调整的《国民经济行业分类》（GB/T 4754—2011），据此，2012年国家统计局对《三次产业划分规定》进行了修订①。调整后的三次产业的范围如下。

第一产业是指农、林、牧、渔业（不含农、林、牧、渔服务业）。

第二产业是指采矿业（不含开采辅助活动），制造业（不含金属制品、机械和设备修理业），电力、热力、燃气及水生产和供应业，建筑业。

第三产业即服务业，是指除第一产业、第二产业以外的其他行业。第三产业包括：批发和零售业，交通运输、仓储和邮政业，住宿和餐饮业，信息传输、软件和信息技术服务业，金融业，房地产业，租赁和商务服务业，科学研究和技术服务业，水利、环境和公共设施管理业，居民服务、修理和其他服务业，教育，卫生和社会工作，文化、体育和娱乐业，公共管理、社会保障和社会组织，国际组织，以及农、林、牧、渔业中的农、林、牧、渔服务业，采矿业中的开采辅助活动，制造业中的金属制品、机械和设备修理业。

此次修订，明确将原属于第一产业的农、林、牧、渔服务业划归第三产业。调整后，第一产业为4个大类，第二产业为2个门类和36个大类，第三产业为

---

① 最新修订为国家统计局2018年发布的《国家统计局关于修订〈三次产业划分规定（2012）〉的通知》，其中第三产业中的"农、林、牧、渔服务业"更名为"农、林、牧、渔专业及辅助性活动"，本书实证分析为截至2016年的数据，因此仍使用2018年之前公布的三次产业划分标准。

15 个门类和 3 个大类。具体见表 1-5。

表 1-5 中国国家统计局 2012 年服务业分类

三次产业分类	名称	
第三产业（服务业）	农、林、牧、渔服务业	
	开采辅助活动	
	金属制品、机械和设备修理业	
	批发和零售业	批发业
		零售业
	交通运输、仓储和邮政业	铁路运输业
		道路运输业
		水上运输业
		航空运输业
		管道运输业
		装卸搬运和运输代理业
		仓储业
		邮政业
	住宿和餐饮业	住宿业
		餐饮业
	信息传输、软件和信息技术服务业	电信、广播电视和卫星传输服务
		互联网和相关服务
		软件和信息技术服务业
	金融业	货币金融服务
		资本市场服务
		保险业
		其他金融业
	房地产业	房地产业
	租赁和商务服务业	租赁业
		商务服务业
	科学研究和技术服务业	研究和试验发展
		专业技术服务业
		科技推广和应用服务业

续表

三次产业分类	名称	
第三产业 （服务业）	水利、环境和公共设施管理业	水利管理业
		生态保护和环境治理业
		公共设施管理业
	居民服务、修理和其他服务业	居民服务业
		机动车、电子产品和日用产品修理业
		其他服务业
	教育	教育
	卫生和社会工作	卫生
		社会工作
	文化、体育和娱乐业	新闻和出版业
		广播、电视、电影和影视录音制作业
		文化艺术业
		体育
		娱乐业
	公共管理、社会保障和社会组织	中国共产党机关
		国家机构
		人民政协、民主党派
		社会保障
		群众团体、社会团体和其他成员组织
		基层群众自治组织
	国际组织	国际组织

（5）从服务消费的角度进行分类。按照这一标准可以将服务业分为生产消费服务业和生活消费服务业。

生产消费服务业是指那些把自己创造的服务产品直接加入生产消费领域的服务经济部门（黄维兵，2003）。一般来说，社会经济发展水平越高，工农业生产发展越快，对生产消费服务业的需求就越大。生活消费服务业又可进一步分为生存消费服务、发展消费服务、享受消费服务三个层次，随着经济发展水平的提高，人们的生活消费需求将逐步升级。

综上所述，服务业包罗万象、错综复杂，内部行业的多样性十分明显，对服务业准确科学的分类比较困难，再加上不同研究者分类的依据和角度不一样，导致服务业分类的多样化现象，至今尚无统一的分类，但每种分类方法都具有一定参考价值。从理论和实践的标准来看，西方国家逐渐接受了统一的分类体系，上面介绍的在辛格曼分类法基础上形成的西方服务业四分法，是目前西方社会的主流分法。鉴于数据采集和获取的需要，在本书中我们采用了中国国家统计局对服务业的分类方法作为研究的基础。

三、现代服务业的含义

"现代服务业"这一词汇是典型的中国制造，目前是在我国被广泛使用的概念。它最早出现在 1997 年 9 月党的十五大报告中，此后又在党的十六大报告和《中共中央关于制定国民经济和社会发展第十一个五年规划的建议》中被先后使用过。此后，全国不少省区市在制订地方"十一五"规划中，均把加快发展现代服务业放在一个突出的位置。

我们认为它与被国外学者称作知识密集型的服务业在含义和特征上比较接近，不少专家学者也对现代服务业的内涵提出了自己的解释。例如，郑吉昌和来有为认为现代服务业主要是指生产性服务业，是为生产、商务活动的中间投入而非直接为最终消费提供的服务，主要包括金融业、保险业、房地产业、咨询业、信息服务、科技开发、商务服务、教育培训等行业。刘重探讨了现代服务业理论发展的历史过程，提出现代服务业是一个相对动态的概念，是第三产业的延伸和发展。现代服务业在第三产业中是一种类别，即第三产业可以被划分为现代服务业和传统服务业。现代服务业有广义和狭义之分，广义的现代服务业包括传统服务业的升级和新型的服务业。狭义的现代服务业主要指依托信息技术、现代化科学技术和技能发展起来的，信息、知识和技能相对密集的服务业。现代服务业是在工业化比较发达的阶段产生的，现代服务业之所以区别于传统服务业，是因为其更突出了高科技知识与技术密集的特点。夏杰长也持相同的观点，并认为现代服务业还应涵盖借助信息技术改造升级后的传统生产性服务业。周振华和顾乃华认同把生产性服务业归纳到现代服务业，同时还主张将那些满足现代消费需求、符合现代社会文化理念、适应现代人生活品质的各类现代化的消费服务业，如社区服务业、保健服务业等，也纳入现代服务业的范畴。刘志彪认为现代服务业是那些依靠高新技术和现代管理方法、经营方式及组织形式发展起来的，主要为生产者提供中间投入的知识技术信息密集型服务的部门，如金融服务、商务服务、信息技术与网络通信服务、教育培训与卫生保健服务、第三方物流服务，以及一部分被新技术改造过的传统服务等。顾乃华指出现代服务业与传统服务业的区别主要体现在技术基础和微观管理基础两个方面，现代服务业最本质的功能不是提高服务业的增加值，而是通过产业关联效应，提高整个地区经济的竞争力。杨旭认为现代服务业是指那些不直接从事物质产品生产、其运转过程也不直接依赖于自然资源，而是通过运用以信息技术为代表的高新科技手段向生产部门提供作为中间投入的服务或以产业化方式向个人消费者提供生活服务的各种产业的集合，既包括从传统生产部门中分离出来的"服务化了的产业"，也包括借助高新科技实现了产业化升级的"信息化、产业化的传统服务业"。

但目前仍没有统一的说法，实际部门也没有规定统一的行业标准，对于现代服务业到底包含哪些行业，目前国内存在较大的分歧。根据国际通用的服务业分类标准，一般认为，传统服务业是指运用传统的生产方式经营，并且在工业化以前就已存在的服务业，主要包括医疗卫生服务业、餐饮住宿业、修理业、商业等。现代服务业是指其需求主要受工业化进程、社会生产分工的深入影响而加速发展的服务业和运用现代科学技术、新型服务方式及新型经营形态对传统服务业进行改造和升级的行业。新兴服务业指在工业化发展到一定阶段，出现需求加速增长和大规模消费的服务业，这些行业的收入弹性一般较高，主要包括在后工业化时代出现迅速发展的教育、医疗、娱乐、文化和社会基本保障等。按照这样的标准，信息服务、金融、物流、租赁与商务服务和部分运用现代科学技术渗透的远程教育和医疗卫生服务，以及会展、中介、动漫、创意、社会基本保障等新兴服务业等都属于现代服务业。我们的理解是，现代服务业是指那些依靠高新技术和现代管理方法、经营方式及组织形式发展起来的，主要为生产者提供中间投入的知识、技术和信息相对密集的服务业，以及一部分由传统服务业通过技术改造升级和经营模式更新而形成的现代服务业。总之，现代服务业是一个相对的概念，是随着现代经济和社会活动的发展而产生的，它本质上来自社会进步、经济发展、社会分工的专业化等需求，具有十分明显的时代特征。科学技术特别是信息技术对现代服务业有着重要的推动和保障作用。

国际经济发展经验表明，现代服务业的发达程度是衡量一个国家和地区经济、社会现代化水平的重要标志。在我国经济增长方式由粗放型向集约型转变的过程中，加快现代服务业发展是推动经济增长方式转变的重要途径。现代服务业的发展，有利于实现产业结构优化、减少对自然资源的依赖，减轻对环境的损害，是实现我国经济可持续发展的必然选择。加快现代服务业发展，也是落实科学发展观，促进经济社会和人的全面发展，走向知识社会的必要条件。由此可见，大力发展现代服务业已经成为我国经济发展新阶段的一种必然趋势。

四、生产性服务业的含义

从 20 世纪中期起，生产性服务业在全球范围内迅速崛起及其持续快速发展的态势引起了众多学者的关注。其中一项研究是根据美国的统计体系、加拿大

1967~1977 年的统计数据，采用投入产出表的相关计算方法衡量了生产性服务业消耗率的时序变化规律，研究结果显示，该消耗率呈现持续增长的趋势，这表明生产性服务业对其他行业的影响在逐步增强。

普遍认为生产性服务业的发展是外部化和分工深化的结果。Bhagwati（1984）认为生产性服务业快速成长，是因为厂商把其内部所提供的服务活动外部化了。持同样观点的学者认为，美国生产性服务业的快速成长是美国制造业为了提升国内外市场的竞争力，降低成本，将原来由内部提供的服务行为转向由外部专业厂商来提供。这些论述引发了学者对服务业外包的研究，认为在物质生产部门中，生产性服务活动的发展是以劳动分工的深化为标志的，当企业提供的服务范围越来越多样化、科技进步要求的专门技术更加精密和深奥时，生产性服务企业变得越来越专业化，并说明了不同国家在不同的发展阶段生产性服务业发展的原因和机理是不同的。

那么究竟什么是生产性服务业呢？率先明确探讨生产性服务业概念的学者认为，生产性服务业必须是产出知识的产业。Greenfield（1966）认为，生产性服务业是企业、非营利组织和政府主要向生产者，而不是最终消费者提供的服务产品和劳动。布朗宁和辛格曼最早提出了生产性服务业的概念，并认为生产性服务业是指金融、保险、法律工商服务、经纪等具有知识密集和为客户提供专门性服务的行业（Browning and Singelmann，1975）。Howells 和 Green（1988）认为生产性服务业包括保险、银行、金融和其他商业服务业及职业与科学服务。香港贸易发展局认为生产性服务业包括专业服务、信息和中介服务、金融保险服务及与贸易相关的服务。中国政府在《中华人民共和国国民经济和社会发展第十一个五年规划纲要》中将交通运输业、现代物流业、金融服务业、信息服务业和商务服务业纳入了生产性服务业的范畴。Coffey 和 Polese（1989）认为生产性服务业不是直接用来消费的，也不能直接产生效用，它是一种中间投入而非最终产出，它扮演着一个中间连接的重要角色，用来生产其他的产品或服务。Hansen（1993）指出生产性服务业作为货物生产或其他服务业的投入而发挥着中间功能，其定义包括上游的活动（如研究开发）和下游的活动（如市场营销）。有学者认为生产性服务业是为生产、商务活动和政府管理提供而非直接向消费的个体使用者提供的服务，它不直接参与生产或物质转化，但又是任何工业生产环节中不可缺少的活动。吕政等（2006）认为生产性服务业提供的是市场化的中间性服务，即作为其他产品生产的中间投入的服务业，并具有专业化程度高、知识密集的特点。

综上，尽管对生产性服务业的外延范围还没有形成一致的意见，但是对生产性服务业是一种中间需求性服务业而非最终需求，且具有专业性和知识性的特点，学者有较高的一致性。因此，我们认为，生产性服务业具有三个显著特征：第一，它的无形产出体现为"产业结构的软化"；第二，它的产出是中间性服务而非最终服务，体现为被服务企业的最重要的生产成本；第三，生产性服务业的特征是具有较高的人力资本和知识资本含量，产业关联度和要素生产率较高，它能够把大量的人力资本和知识资本引入产品的生产过程当中，是现代产业发展中竞争力的基本源泉。

五、农业服务业的内涵

关于农业服务业的内涵及其所包括的行业的说法不一，一般将与第一产业密切相关的服务业称为农业服务业。农业服务业是为农业服务和在服务中形成的产业，是农业中的第三产业，是指服务于农业再生产和农村经济社会发展的，通过多种经济形式、多种经营方式、多层次、多环节发展起来的服务业，是国民经济发展到一定阶段的产物。按照李小热和夏杰长（2009）的说法，农业服务业包括两个方面：一是第一产业农、林、牧、渔业中的农、林、牧、渔服务业；二是农村地区的第三产业，包括交通运输、仓储和邮政业，信息传输、计算机服务业和软件业，批发和零售业，住宿和餐饮业，金融业，房地产业，租赁和商务服务业，科学研究、技术服务和地质勘查业，水利、环境和公共设施管理业，居民服务和其他服务业，教育、卫生、社会保障和社会福利业，文化、体育和娱乐业，公共管理和社会组织，以及国际组织等方面。在这里，我们主要的研究对象是第一层次的，即农、林、牧、渔服务业。

当然，这两个方面是相辅相成的，不能截然分开。可见，通过发展农业服务业，向农业和农业生产者提供信息、技术服务，政策咨询服务，金融服务，市场整合营销，以及农资、农机、供销、气象、加工服务，水利、植保、收割、林业、畜牧兽医、水产等专业化服务，可以提高第一产业中各产业的劳动生产率，推动农业经济的转型发展。

绿色食品农业服务业就是为绿色产业链提供支持，以促进其发展的服务业。

第二节　文　献　研　究

一、国内外关于服务业的相关研究综述

作为三次产业结构的一个重要组成部分，对服务业的研究总是与产业结构优化的研究紧密相连的。

（一）国外关于服务业的相关研究综述

国外的相关研究主要体现在以下几个方面。

1. 服务业已经成长为主导产业，是产业结构优化的助推器

英国经济学家、新西兰奥塔哥大学教授埃伦·费希尔在《文明与安全的冲突》一书中，第一次提出了第三产业的概念，标志着现代意义上的服务业理论的真正开端。在这之后，英国经济学家克拉克继承并发展了费希尔的观点，提出了劳动力在三次产业分布中的结构变化理论，这一思想与17世纪的经济学家威廉·配第的观点相似，故后人把克拉克的发现称为配第-克拉克定律。配第-克拉克定律建立起第三产业经济学的基本分析框架，并被后来不少经济学家，如库兹涅茨、钱纳里（Chenery）、塞尔奎因（Syrquin）所证实。他们将研究工作进一步深化，提出了标准产业结构模型理论，分析和研究的重点是产业结构变动规律。而服务业的快速发展，使其成为产业结构优化的研究重点。

服务业的迅猛发展促使经济学家关注服务业的研究，在20世纪80年代中后期以前，许多经济学家从多方面来界定服务业、分析服务业发展的原因，极大地丰富了服务业理论。以美国为首的西方国家自20世纪70年代以来生产率增长十分缓慢、经济持续低迷，据测算，1954～1973年美国经济总量的全要素生产率的年均增长率为1.3%，1979～1993年则下降到了0.71%，下降了近一半。为了解释这种经济现象，西方经济学界引发了一股研究服务业生产率的狂潮。有相当的学者认为服务业的生产率水平事实上是较低的，在这其中又可根据对这一现象解释的不同分为两派：一派认为是计量误差造成了对服务业的生产率增幅和产出的低估，代表人物有ten Raa和Schettkat（2001）等；另一派则认为是服务业自身的性质导致了服务业生产率增长的缓慢，典型的代表人物是Baumol（1967）等。但是，到20世纪80年代中后期，在西方发达国家的经济中，服务业所占的比重几乎已经超过了60%，并保持继续增长的势头，其重要地位不容置疑。可见，服务业的生产率并不低，且不同服务部门的生产率相差比较大。例如，Baumol（1985）认为，不是所有服务业的生产率都很低，有些服务业如通信业、交通业的生产率就很高，增长也快，几乎达到了制造业的水平。另外，Triplett和Bosworth（2002）的实证研究表明，在1995年之后，服务业的劳动生产率比制造业增长得更快，服务业中多要素生产率的增长也超过了制造业，更有甚者，在美国整个经济的多要素生产率的增长中，服务业具有绝对的主导地位，而制造业的多要素生产率增长很少，仅占整个多要素生产率增长的0.1%。2005年，沃菲通过分析OECD的相关数据指出服务业的生产率存在着结构差别，一些面向终端服务的劳动密集型服务业的生产率水平较低，而运输仓储业、批发零售业的生产率水平则达到了经济增长的平均水平，生产率快速增长行业的贡献会被负增长行业产生的影响所抵消。

虽然迄今为止国外学者未能就服务业生产率增长的问题达成一致，但毫无疑问的是服务业所占的比重仍然在不断地上升，其地位的不断加强是一个不争的事

实。经济增长缓慢为什么要研究服务业生产率呢？这问题本身就表明了服务业在西方国家的重要地位和发达程度。服务业在三次产业结构中占据了绝大部分的比重，已经成了三次产业结构中的主导产业，它在产业结构优化中的重要作用已经突显，服务业成为推动产业结构优化的主要手段。

2. 生产性服务业对产业结构优化的推动作用尤为突出

发达国家近30年来经济结构变化、产业结构升级中最引人瞩目的现象就是生产性服务业成为国民经济中的支柱产业，其在产业结构优化升级中扮演着重要的角色。生产性服务业在全世界范围内迅速崛起及其持续迅猛发展的态势引起了众多学者的关注，相关研究成果也不断涌现，其中生产性服务业与制造业关系的研究是一个重要的方面，二者之间越来越清晰的互动及融合发展关系表明了生产性服务业在产业结构优化的过程中起着重要的推动作用。

对于生产性服务业与制造业关系问题的研究目前主要有以下四种典型的观点。

（1）Eswaran 和 Kotwal、Pappas 和 Sheehan、Karaomerlioglu 和 Carlsson 分别在各自的论文中提出了相同的观点，即提倡供给主导论。他们都认为服务业特别是生产性服务业是制造业生产率获得提高的前提和基础，没有发达的生产性服务业，就不可能形成具有较强竞争力的制造业。

（2）Rowthorn 和 Ramaswamy、Cohen 和 Zysman、Klodt、Guerrier 和 Meliciani 等学者认为制造业是服务业发展的前提和基础，即没有制造业的发展，服务业就失去了需求的来源；对于制造业而言，服务业处在附属和补充的地位，即通过国民经济增长，特别是制造业的扩张所引发的服务需求对生产性服务业的发展产生影响，即主张需求遵从论。Cohen 和 Zysman 指出，许多服务业部门的发展必须得依靠制造业的发展来带动，因为制造业是服务业产出的主要需求部门，没有制造业，社会就几乎不会对这些服务产生需求。制造业部门的内部缺陷促使其通过外部购买的方式来实现对相关服务的需求，从而促进生产性服务业的发展。

（3）Park 和 Chan、Shugan、Francois、Bathla 等学者认为生产性服务业与制造业之间呈现相互依赖、相互作用、共同发展的互补性关系。具体来说，一方面，制造业的发展会增加对生产性服务业的中间投入的需求，从而推动生产性服务业的发展；另一方面，生产性服务业的发展，又要依赖制造业中间投入需求的扩大，并促进制造业生产率的提高，即提倡互动论。

（4）第四种观点则认为随着信息通信技术的迅速发展和广泛应用，生产性服务业与制造业之间的界限越来越模糊，二者出现了融合发展的趋势，即倡导融合论，持这种观点的外国学者有植草益、Lundvall 和 Borras 等。他们认为服务业对制造业生产过程的主导作用及对制造业产业链的渗透作用日益加强，并借此实现生产性服务业与制造业的融合及制造业产业链的优化重组，从而形成新的产业发展模式和产业发展动力。

而制造业与服务业的互动、融合发展已经成为主流思想。制造业服务化（servitization）或者说是制造业服务增强（service enhancement）就是这种观点的典型代表。世界上越来越多的制造业企业通过提供服务来增加其核心产品的价值，有些制造业企业甚至不再卖物品而是卖物品的功能或服务。一些制造业企业正在转变为某种意义上的服务企业，服务化成为当今世界制造业的发展趋势之一。《财富》杂志从 1995 年起就停止发布制造业和服务业分列的《财富》500 强排行榜，而发布制造业与服务业合一的排行榜就是一个很好的例证。White 等（1999）指出，服务化就是制造商的角色由物品提供者向服务提供者转变，它是一种动态的变化过程。Vandermerwe 和 Rada（1988）从企业产品形态变化的研究表明服务化可能经历了三个演进阶段：一是"产品或服务"（goods or services）阶段；二是"产品+服务"（goods+services）阶段；三是"产品+服务+支持+知识+自我服务"（goods+services+support+knowledge+self-service）阶段。这种转变所带来的收益也是十分明显的。一方面是企业收益，服务化战略可以提高生产企业的竞争力，增强企业的盈利能力；另一方面是环境收益，服务化战略能够降低环境污染、减少资源浪费，有利于经济社会的可持续发展。

3. 知识密集型服务业是服务业内部结构升级的趋势

不治自愈的鲍莫尔弊病、科学技术的发展及对于服务业生产率问题的探讨引发了学者对知识密集型服务业的研究。

对知识密集型服务业进行定义和分类的文献资料也比较多，但其所采用的名称却并不相同。例如，Eurostat 和 OECD 运用了"知识密集型服务"（knowledge-intensive service，KIS）的概念，而有一些学者如 Miles 等（2000）则将其称为"知识密集型商业服务"（knowledge-intensive business service，KIBS），还有些学者如 Hermelin 等在研究中使用了"专业性服务"（professional service，PS）的称谓，此外，den Hertog 和 Bilderbeek（2000）等还采用了"与技术相关的知识密集型商业服务"（technology-based knowledge-intensive business services，T-KIBS）的说法。

技术更新速度的加快、不断增长的产品外包及其他外部合作者的参与，也使产业变得更加复杂化，每个企业仅从事自己具有核心竞争力的生产环节，从而使企业生产变得更加复杂和专业化，这增加了企业对知识密集型服务如研发、产品推广、组织变革、引进新技术、市场营销等服务的需求。Andersen 等（2000）指出，从经济学的观点看，知识密集型服务业对其他产业的生产率有重大影响，因而是非常重要的。西姆斯认为，技术创新是知识密集型服务业中最为重要的一部分，不断创新是成功的关键所在。Muller 和 Zenker（2001）提出，知识密集型企业作为创新的媒介而被广泛关注，企业提供知识密集型服务时，在创新体系中具有特殊地位和双重角色。一方面，作为一种外部的知识源，知识密集型企业会对其客户的创新做出贡献；另一方面，知识密集型服务会引入内部创新，从而提供高质量的服务场地，为经济运行和经济增长做出贡献。Miles（2008）认为，知识密集型服务业是经济中增长最快的动态部门之一，它提供了未来就业的潜在增长点，并且包含了许多新技术的创新性使用者，从而形成了创新体系中的节点和必不可少的媒介。发展知识密集型服务业是目前工业化国家经济发展的一个显著趋势。事实上，知识密集型服务业重要性的逐渐提高，是知识经济勃兴的一个基本特征。

（二）国内关于服务业的相关研究综述

全球经济正在进入"服务经济"时代，中国服务业也取得了长足发展，中央和地方政府对服务业发展与改革也日益重视，服务业地位的突显引发了学者对服务业及其在产业结构优化过程中的作用的研究热潮。

1. 服务业在三次产业结构中的地位日益加强和提升

李江帆（2004）通过回归分析，从服务型生产资料、服务消费品、国内生产总值（gross domestic product，GDP）贡献份额、就业贡献份额、第三产业比重增大趋势和资源限制的程度等方面，阐述了服务业在中国国民经济中的重要战略地位。江小涓（2004）指出服务业发展滞后是制约我国经济全面协调发展的重要原因，我国服务业加快发展的条件正在形成，服务业有可能进入加速增长时期。吴敬琏（2007）指出科学技术的广泛应用、信息化和服务业是经济增长的三大源泉。韩冬筠和李勇坚（2007）利用国内数据，建立回归模型，其研究表明收入分配的公平性对服务业的发展具有很重要的影响。当基尼系数大于 0.4 时，收入分配不公将对服务业发展产生负面影响。在此基础上的预测研究表明，至 2010 年中国服务业占 GDP 的比重将达到 45.86%，其增长率将超过 GDP 增长率，中国经济开始进入服务化阶段。关秀丽（2008）指出未来结构调整将进一步向服务型经济转型。欧新黔（2008）指出全球已经进入服务经济时代，服务业将是中国的主导产业。

2. 服务业发展滞后阻碍了产业结构优化

中国服务业的发展仍然是滞后的，很多学者对中国服务业发展滞后的原因进行了探析。黄少军（2000）主张将服务业发展的研究纳入西方经济学框架中，从微观到宏观全方位地探究其发展规律及内在机制。他定量分析了服务业生产率、服务业产出等问题，并在应用购买力平价指数对截面国民生产数据和历史生产数据进行实证分析的基础上，得出服务业与经济增长的关系不是一次线性的，而是如一个三次曲线的复杂关系。林跃勤（2005）从三个方面分析了中国服务业发展的差距：一是服务业比重偏低；二是服务业结构扭曲和升级速度慢，特别是以信息化为代表的现代服务业发展缓慢；三是服务贸易国际竞争力弱。究其原因，既有基础薄弱、服务消费供给不足的因素，也有服务消费意识淡薄和消费能力低下的因素。顾乃华（2005）从服务业增长效率的角度分析了中国服务业发展落后的问题。他借助随机前沿生产函数模型，使用面板数据，分析了1992～2002年中国服务业的增长效率特征。他的研究结果表明，中国服务业的发展远未能挖掘出现有资源和技术的潜力，技术效率低下，服务业增长主要靠要素投入推动，全员要素生产率的贡献微弱，粗放型特征比较明显。有学者从中国最终消费中的服务性消费支出，尤其是文化、体育、娱乐、旅游等方面所占比例明显偏低来探析中国服务业发展滞后的原因。其认为，中国多年来的重物质生产、轻服务消费的思想是导致中国服务业发展滞后的根源。进而他得出结论：服务业是中国的弱项，但同时也说明服务业的发展有着广阔的空间，而且发展服务业和服务消费是促进中国消费发展和内需扩张的一个重要领域。夏杰长（2007）指出，我国服务业发展不足，除了主观认识上的原因和城市化率低、收入水平较低等客观原因之外，技术含量低是最重要的原因。所以，要改革与创新既有的服务业体制，培育健康规范的制度环境，加强高新技术对服务业的渗透，以促进我国服务业的发展。

服务业的滞后发展，使其无法为第一产业、第二产业的发展提供服务支持，严重影响了其他产业的发展，阻碍了产业结构的优化。

3. 加快发展生产性服务业以发挥其优化产业结构的重要作用

生产性服务业是现代服务业的重要组成部分，生产性服务业的迅速发展是20世纪70年代以来世界经济结构变化的一个重要趋势。研究表明，第二次世界大战以来，发达国家服务部门的稳定增长与相对巨大的规模主要来自生产性服务业的发展（李善同，2002）。我国对生产性服务业的研究以介绍国外的生产性服务业理论与实证研究为主。李江帆、顾乃华、毕斗斗、任旺兵、刘继国、高春亮、党怀清、顾朝林、钟韵、闫小培等学者都对西方的生产性服务业的发展进行了较为系统的介绍和研究，为中国生产性服务业的发展提供了强大的理论指导。

吕政等（2006）使用经济分析方法对生产性服务业与制造业互动关系的内在机理进行了深入的研究，以国际经验的归纳和比较为基础，全面解析了我国生产性服务业发展所面临的瓶颈并从消除进入壁垒、强化分工优势、促进产业关联、推动服务业创新、优化产业布局和加强区域协调等方面，提出了我国生产性服务业发展的战略途径及对策建议。张艳等（2008）对制造业、生产性服务业及消费者服务业之间的技术溢出效应进行了实证分析，生产性服务业与制造业之间具有较强的产业关联，而消费者服务业与制造业之间的产业关联度较弱，所以要调整科技投资结构——适当增加产业关联度高的产业，特别是生产性服务业的科技投入，通过技术扩散的正效应带动相关产业技术进步，对节约资源、获取最佳的经济效益和社会效益具有重要意义。于文涛（2008）提出了要加快制造业与生产性服务业的互动与融合，提升产业关联度；并指出要通过积极支持行业协会的发展来促进和引导生产性服务业的发展；还要加大对人力资本的投入力度。郑吉昌和夏晴（2010）通过对生产性服务业在产业集群发展过程中作用机理的研究，指出在区域经济的转型升级和可持续发展中，生产性服务业将发挥巨大的作用。

我国生产性服务业总量不足、结构不合理且区域发展不平衡，因此，加快发展生产性服务业以促进产业结构优化具有重要的意义。

4. 对中国产业结构优化的战略选择研究

产业结构演变就是随着经济的增长和需求结构的变化，生产部门和服务部门的产出构成将随之发生变化，从而使资源在产业内部或产业间的配置发生变化。产业结构的演进是沿着以第一产业为主导到以第二产业为主导，再到以第三产业为主导的方向发展的。产业结构演进的规律表明了产业结构优化的方向。多数研究把产业结构优化解释为是推动产业结构合理化和高级化发展的过程，是实现产业结构与资源供给结构、技术结构、需求结构和就业结构相适应的状态，甚至是总量经济健康、快速增长等优化目标的动态调适过程。一些研究从不同角度考察了中国产业结构升级的战略选择问题。郭熙保和刘莹（2002）、郭熙保和崔小勇（2003）认为，现阶段，中国应实施以信息化带动产业结构升级的战略，即采取有效措施，逐步消除各种阻碍信息化发展和产业结构升级的因素，加快发展信息化，并通过信息化实现中国产业结构的升级。周振华（2003）提出为了促进上海市服务业的发展，要推动现代农业、现代工业与现代服务业的有机集成。黄雯和程大中（2006）认为，应形成以服务业全面发展为经济支撑的产业格局，继续推进产业结构优化升级。游小萍（2008）提出加大发展现代生产性服务业将成为我国服务业结构升级的新趋势，也是促进我国服务业发展的新视角。李奕陶（2009）研究了东北经济区经济发展模式的基本状况，并以此为基础，提出应采取综合的措施优化产业结构、增加附加产值。王娟娟和汪海粟（2009）指出产品附加值的提高是优化产业结构的根本途径，而技术创新能力是其根本动力。要实现产业结构的合理化和高级化，就必须从提高技术创新能力和产品附加值入手，提升自主创新能力。王忠宏和石光（2010）认为为适应经济科技变革、抢占未来科技制高点、增强综合国力、提升生产效率和人民生活水平、实现我国经济社会持续较快的发展，应发展包括新能源、节能环保、新信息产业、地质勘探等在内的战略性新兴产业，以推进产业结构的调整和优化。

5. 中国服务业内部结构优化的趋势和方向

郭克莎通过第三产业产出结构、就业结构及投资结构变动的国际比较，分析了第三产业发展变动的一般趋势及我国第三产业发展中存在的差别与问题。李江帆和曾国军（2003）对20世纪90年代以来中国服务业内部结构的演变过程做了纵向分析和横向分析，通过建立回归分析模型，揭示了服务业比重与服务业第一层次比重负相关、与第二层次比重正相关的规律性。这体现了服务业内部结构的升级方向，并根据服务业内部结构升级趋势分析，对物流业、生产性服务业、生活服务业和非营利服务业的发展提出了一些政策建议。在此基础上李江帆在2005年的研究中进一步明确第三产业内部结构升级表现为流通部门比重下降，生活生产服务部门比重提高，传统服务业比重下降，现代服务业比重上升。

综合以上国内外学者的相关研究可知，在服务经济迅速发展蔓延的背景下，国内外的学者在肯定服务业重要的战略地位的基础上，对服务业尤其是现代服务业、生产性服务业在产业结构优化中的重要作用进行了研究，研究表明通过发展服务业来带动相关产业的发展，进而推动产业结构优化的时代已经到来。

二、关于农业服务业的文献综述

近些年来，服务业因对经济发展的影响和贡献引起了广泛的关注，在对服务业的研究中，农业服务业的研究日渐增多。从中国知网收录的资源来看，关于农业服务业的研究基本呈上升趋势。在资源总库的搜索地址中输入农业服务业，2005～2016年的研究结果显示，2005年的相关研究为58篇，2006年的相关研究为77篇，2007年的相关研究为120篇，2008年的相关研究为174篇，2009年的相关研究为181篇，2010年的相关研究为269篇，2011年的相关研究为343篇，2012年的相关研究为269篇，2013年的相关研究为377篇，2014年的相关研究为363篇，2015年的相关研究为364篇，2016年的相关研究为345篇，可见对农业服务业的研究大体呈现稳步递增的趋势。

（一）国外的相关研究

在西方的相关文献中，关于农业服务业的研究较为少见。西方发达国家的农业现代化水平均比较高，都建立了适合其本国国情的服务体系和服务模式。例如，美国国土面积大，从事农业生产的人口较少，其比较优势就是耕地充足，因此其积极开发适合大面积耕作的农业生产方式，即机械化和生物育种。日本和荷兰是典型的地少人多型国家，其也充分利用自身的比较优势——人口资源丰富、劳动力成本相对较低，大力发展小农经济，并积极着手改造适合小农经济环境的各种生物技术和农业合作组织。因农业实践的不同，关于农业服务业的研究范围、领域和重点的差别也比较大，而且比较分散，多数研究集中在某个具体领域，探讨个性化的案例比较多。Reinert（1998）探讨了生产服务作为直接投入对于农业的影响，并构建了农村地区农产品产出模型，进而探讨了投入农业的生产服务对制定农产品价格政策的影响。国外有些学者对农业服务业中的具体/个别行业进行了研究，如对农业科技成果转化的相关研究：Eponou把农业科技成果转化过程分成前后衔接的阶段，Bruun 和 Bennett（2002）却认为成果转化是一个交易过程。Metz 研究了政府的规制建设、自由贸易政策、教育等因素在科技成果转化中的作用。对农业物流的相关研究：主要体现在对农业物流和农产品物流概念的界定上，并在大学里开设了相关的课程。对农业保险的相关研究：Schach 认为农业保险中的道德风险和逆向选择很难防范，而且会降低农业保险的效用。西方国家因地制宜地选择发展模式和服务模式，这很值得我们学习和借鉴。

（二）国内的相关研究

国内学者的研究主要集中在以下五个方面。

一是对农业服务业的内涵进行了界定和深入研究。如李小热和夏杰长（2009）、王德萍和孟履巅（2008）关于农业服务业的内涵及其所包括行业的说法不一，一般将与第一产业密切相关的服务业称为农业服务业。农业服务业是为农业服务和在服务中形成的产业，是农业中的第三产业，是指服务于农业再生产和农村经济社会发展，通过多种经济形式、多种经营方式、多层次、多环节发展起来的服务业，是国民经济发展到一定阶段的产物。按照李小热和夏杰长的说法，农业服务业包括两个方面：首先是第一产业农、林、牧、渔业中的农、林、牧、渔服务业；其次是农村地区的第三产业，包括交通运输、仓储和邮政业，信息传输、计算机服务业和软件业，批发和零售业，住宿和餐饮业，金融业，房地产业，租赁和商务服务业，科学研究、技术服务和地质勘查业，水利、环境和公共设施管理业，居民服务和其他服务业，教育、卫生、社会保障和社会福利业，文化、体育和娱乐业，公共管理和社会组织，国际组织等方面。

二是对我国农业服务业的发展状况、存在的问题及发展对策的研究。如张颖熙和夏杰长（2011）指出，与发达国家及我国经济发展的需要相比，我国农业服务业仍存在很多不足，并针对我国农业服务业发展状况及存在的主要问题，提出了未来我国农业服务业的发展对策与思路；姜长云（2013）着重强调了发展农业服务业的重要性，并提出了相应的发展对策；何卫中（2014）探讨了加快现代农业服务业发展的对策，提出加快发展现代农业服务业，势必要健全完善体系、壮大经营主体、培养人才、拓展领域，以提升农业现代化水平。陈俊红等（2015）提出了要以服务业的发展引领农业现代化。

三是对于农业服务业内部具体行业的研究。包括赵继海等（2000）、彭光芒（2002）对农业信息服务的相关研究，姜大立和冯杰峰（2004）对农业物流的相关研究，张成君和陈忠萍（2001）、李慧欣（2003）对农业旅游的相关研究。

四是对地方农业服务业的发展进行了研究。例如，周兆佳（2012）对南通市、阚中华（2012）对淮安市、肖建中和何永达（2011）对浙江省、王立萍（2009）对黑龙江省农业服务业的发展状况及存在的问题进行了研究，郭庆海（2015）对吉林省农业服务业的发展进行了探析。

五是对农业服务业与其他行业/产业的融合、互动、协同发展的研究。这也是近年来对农业服务业研究比较多和集中的一个方面。张慧琴和周章婧（2016）对大庆现代农业与服务业融合发展路径及机制进行了研究；王耀中和江茜（2016）探讨了生产性服务业对农业现代化效率的影响；李慧和阴朋莉（2016）利用DEA-Tobit 模型，应用河南省的农业数据，也研究了生产性服务业对农业生产效率的影响；陈鸣和肖刚纯（2016）对农业生产性服务业促进培育职业农民的影响进行了实证研究；修莹（2016）对现代农业与服务业交叉融合发生机制及路径进行了分析。

综上，从现有的研究成果来看，对农业服务业的研究已经从基础性的研究向纵、横两个方向的研究发展了。在纵向研究方面，已经从总体的全面研究进入到了对农业服务业内部具体行业的研究，如农业信息服务业；在横向研究方面，也注意研究了农业服务业与其他产业的关联发展问题。但是，无论是纵向研究方面还是横向研究方面都有所欠缺。第一缺乏与具体产业相结合的研究；第二缺乏对具体产业比较系统的研究，尤其是横向方面。现代农业服务业不仅局限在农业一个领域，而应该是打通上下游产业，促进第一产业、第二产业、第三产业融合发展。应能通过拉伸农业产业链，把上游的研发和下游的加工、物流、金融、信息等环节融合在一起，最大化地满足市场需求，同时拓展要素利用空间，为进一步解决"三农"问题，加快改造传统农业，促进现代农业发展提供便捷的通道。但是很显然，目前关于农业服务业的研究多集中于农业服务业与第一产业的融合和互动发展，更倾向于生产性服务业领域，对三次产业融合的研究较少。随着农业产量的增加和农村劳动力成本的提升，迫切需要如信息、物流、科技和金融等服务业的快速发展。有鉴于此，本书选择了黑龙江省的特色、优势产业——绿色食品产业为研究对象，研究现代农业服务业应如何促进其内涵式发展。

第二章　产业互动发展理论研究

第一节　三次产业结构理论

三次产业构成产业结构，三次产业的不断变化、发展，改变着产业结构，可见研究三次产业的互动发展，首先要了解产业结构。

一、产业结构的内涵

有很多学者对产业结构的内涵进行了研究，如洪银兴认为产业结构在投入方面是指社会生产资源在各产业部门的分配比例，在产出方面是指各产业部门的生产能力、新创造的国民收入在各产业部门的分配比例；芮明杰认为产业结构是指构成产业体系的各产业之间的联系及联系方式；蒋选、杨万东、杨天宇将产业结构定义为一个国家（地区）的劳动力、产业和各种资源在国民经济各产业部门之间的分配状况及其相互制约的关系。由于研究的角度不同等方面的原因，目前还没有完全统一的定义。

但是一般认为，产业结构是指产业间的经济技术联系和联系方式。具体有两种理解：一种是指资源在各产业部门间的分配；另一种是指产业间技术经济的数量比例关系，即产业间投入和产出的数量比例关系。我们可以把产业系统比作一个资源转换器，生产要素通过这个转换器变成满足人们需求的产品，这样就可以通过对生产要素、投入产出和需求三者的综合分析来解释某种资源分配状态出现的原因。因此，投入产出关系和资源在各产业部门间的分配这两种理解是内在统一的。

二、产业结构演进的规律

产业分类是建立在产业结构概念和进行产业结构研究的基础上的，三次产业的分类方法是西方学者进行产业结构研究的最重要的分类方法之一，是目前研究产业经济和产业结构的一种重要的分类方法，也是许多国家进行国民经济统计时常用的一种方法。其主要原则是把全部经济活动按照经济活动的客观序列与内在联系划分为第一产业、第二产业和第三产业。

在三次产业划分的基础上，从配第到克拉克再到库兹涅茨及钱纳里等，都对三次产业结构的演进规律进行了研究，他们的研究成果代表了世界经济学界对产业结构变动的研究成果。

（一）配第-克拉克定律

配第-克拉克定律是研究经济发展和产业结构变化关系的规律的理论,主要描述的是在经济发展中劳动力在三次产业分布结构中的演变趋势,并分析了劳动力分布结构变化的动因是在经济发展中的各产业之间相对收入的差异。这个定律首先由配第提出,英国经济学家克拉克在配第的研究成果基础上,进一步分析了经济发展和劳动力在产业间的分布和变化趋势,后来人们把劳动力变化的这一规律称为配第-克拉克定律。

1691年,配第根据当时英国的实际情况明确指出:工业往往比农业、商业往往比工业的利润多得多。因此,劳动力必然由农转工,而后再由工转商。配第对各个产业收入进行了不同的描述,揭示了产业间收入相对差异的规律性,被后人称作配第定律。

在配第研究的基础上,克拉克搜集和整理若干国家按照年代的推移劳动力在第一产业、第二产业、第三产业之间转移的统计资料,在1940年出版的《经济进步的条件》一书中,介绍了自己的研究成果:即随着经济的发展,人均国民收入的提高,劳动力首先从第一产业向第二产业转移;随着人均国民收入的进一步提高,劳动力向服务业转移;劳动力在产业结构上的分布首先是第一产业,然后是第二产业、第三产业。克拉克进一步研究了劳动力转移的动因,他认为这是由经济发展中各产业之间出现收入的相对差异造成的,这与配第的观点是一致的。劳动力产业间移动不仅可以在一个国家经济发展的时间序列分析中得到印证,还可以在处于不同发展水平上的国家在同一时点的横断面比较中得到类似的结论。人均国民收入水平越高的国家,农业劳动力在全部劳动力中所占的比重相对来说就越小,而第二产业、第三产业中劳动力所占的比重相对来说就越大;反之,人均国民收入水平越低的国家,农业劳动力所占的比重相对越大,而第二产业、第三产业中劳动力所占的比重相对越小。

（二）库兹涅茨人均收入影响论

库兹涅茨在继承配第和克拉克等研究成果的基础上,仔细地研究了各国的历史资料,他利用现代经济统计体系,对产业结构变动与经济发展的关系进行了较透彻的分析。他依据人均GDP份额基准,考察了总产值变动和就业人口结构变动的规律,揭示了产业结构变动的总方向,从而进一步证明了配第-克拉克定律。

库兹涅茨从国民收入和劳动力在产业之间的分布两个方面,对伴随经济发展的产业结构变化进行了分析研究,他探讨了国民收入与劳动力在三次产业分布与变化趋势之间的关系，从而深化了产业结构演变的动因方面的研究。库兹涅茨把第一产业、第二产业、第三产业分别称为农业部门、工业部门和服务业部门。他指出：如果我们对世界各国的最新数据加以分析，就不难发现随着人均收入水平的提高，在农业中就业的劳动力所占的百分比会不断下降，前者越高，后者就越低。而在商业和服务业中就业的劳动力的比例将呈现不断的、有规律的增长。概括起来就是随着现代经济的不断发展，在 GDP 不断增长的情况下，农业所占比重无论在总产值还是劳动力中都趋向下降，而工业和服务业所占比重则趋向上升，总产值和劳动力占的份额的变动趋势是一致的。

库兹涅茨还对服务业内部的就业规律进行了探讨，他认为，在现代经济增长的过程中，商业和其他服务业吸纳的劳动就业人口不断地、有规律地增长，其中，商业和金融业是服务业中最大的服务部门，其次是个人服务业，最后为政府部门。

（三）钱纳里等提出的产业结构演变规律

钱纳里等在库兹涅茨研究的基础上翔实地分析了整个经济结构的变化过程，得出了产业结构变化过程的动态形式：第一阶段是传统社会经济阶段，经济增长主要由初级产业（首先是农业）和服务业支撑，速度很慢。大量低效率使用的劳动力停滞在农业部门，还未发生向高生产率和技术进步快的非农业部门（首先是工业）大规模转移的情况。第二阶段是高速增长的工业化阶段，经济增长主要由急速上升的工业制造业支撑。产业结构和生产方法剧烈转变，劳动力大规模地从农业部门转向工业部门。新技术得到了迅速采用和不断扩散，新主导产业部门不断代替旧主导产业部门。第三阶段，经济增长步入发达经济阶段，工业制造业的贡献率下降，服务业的重要性突显。尽管那些与耐用消费品有关的服务部门在减速，而与医疗、教育、文娱、旅游有关的服务部门则在加速发展。

综上，他们的研究成果表明，结构演进一般都遵循以下发展规律：在国民经济发展中，第一产业、第二产业、第三产业的地位不断变化，顺次呈现出由"一、二、三"为序的结构特征，向以"二、一、三""二、三、一"为序，最终进入"三、二、一"为序列的"高服务化"阶段，这种趋势既反映在劳动力结构的变动上，也体现在产值结构的变动上。

产业结构演进的规律和趋势对正确认识服务业的地位和作用，进而加快其发展具有重要的意义。

三、产业结构优化

经济增长的过程不仅是生产率增长的过程，也是产业结构不断调整的过程，产业结构调整的目的就是要实现产业结构的优化。产业结构优化是指通过产业调整，使各产业实现协调发展，并满足社会不断增长的需求的过程。产业结构的优化是产业结构合理化与高级化的统一，产业结构合理化是高级化的基础，高级化是合理化的目标。

（一）产业结构的合理化

产业结构合理化是产业结构优化的一个重要的内容，也是产业结构进一步高级化的基础。产业结构合理化主要是对失衡的产业结构进行调整使之达到协调状态的过程，是产业与产业之间协调能力加强和关联水平不断提高的过程。目前国内学者（原毅军和董琨，2008）对产业结构合理化的研究主要可以分为四类：结构协调论、结构功能论、结构动态均衡论和资源配置论。结构协调论把产业置于产业结构合理化的中心位置，坚持协调即合理，合理即协调的理念，把产业结构合理化解释为通过产业结构调整，使各产业实现协调发展，并满足社会不断增长的需求的过程。结构功能论强调产业结构的功能作用，并以结构功能的强弱为出发点考察产业结构合理化，把产业结构合理化定义为各产业间存在着较高的聚合质量，把产业结构合理化的过程看作是不断改善结构效益的产业结构优化过程。结构动态均衡论重视产业素质与结构的均衡性，并从动态的角度考察产业结构合理化。代表性观点认为，它是一个动态过程。产业结构合理化就是要促进产业结构的动态均衡和产业素质的提高。资源配置论把产业结构视为某种资源转换器，并从资源在产业间的配置结构及利用的角度考察产业结构合理化，把产业结构合理化解释为在一定的经济发展阶段上，根据消费需求和资源条件，理顺结构，实现资源在产业间的合理配置和有效利用。这些从不同的角度对产业结构合理化的研究，加深了人们对于产业结构合理化的理解和认识。

产业结构的合理化主要依据产业关联技术经济的客观比例关系来调整不协调的产业结构，促进产业结构的动态均衡，保证国民经济产业间的协调发展。因此产业结构合理化要解决的问题包括：供给结构和需求结构的相互适应问题；三次产业及各产业内部各部门之间发展的协调关系问题；产业结构效应如何充分发挥的问题。衡量产业结构是否合理的关键在于判断产业之间是否具有因其内在的相互作用而产生的一种不同于各产业能力之和的整体能力。

在一定时期内，判断一个国家或区域产业结构是否合理的标准，主要看各产业是否平衡，是否存在瓶颈产业；自然资源是否得到了充分合理的开发与利用；从国内外获得的成熟技术是否得到了广泛的推广和应用；劳动力是否充分就业；是否获得了较高的结构效益；等等。

（二）产业结构的高级化

产业结构的变动，取决于经济的发展。在正常状态下，经济总是不断地向前发展，表现为经济总量的不断扩大和经济质量的持续提高。因而，反映经济发展的产业结构也总是表现为不断地从低层次结构向高层次结构变化。产业结构的这种有规律的变化过程，即产业结构高级化过程。产业结构高级化包括以下内容。①三次产业比例关系的变化：产业结构依次由第一产业为重心向第二产业为重心，进而向第三产业为重心演化。②同一产业内部不同行业、同一行业内部不同亚行业、同一亚行业内部不同企业比例关系的变化，在这个层面上产业结构由劳动密集型向资本密集型进而向技术密集型演变，从制造初级产品的产业占优势向制造中间产品、最终产品的产业占优势演进，从高消耗、高污染产业占优势向低消耗、低污染产业占优势演进，结果表现为产业的高附加值化、高加工化、高技术化、高洁净化。③各个产业、行业、企业技术、工艺的高级化，也就是说在产品层面，通过工艺技术的不断改进，使生产同量产品所消耗的资源和所造成的污染不断下降。以上产业结构高级化的内容表明了产业结构高级化的实质就是结构规模由小变大；结构水平由低变高；结构联系由松变紧。

理解产业结构高级化的特征也是理解产业结构高级化内涵的重要方面，一般认为产业结构高级化包括以下特征。①高科技性。高科技性不仅是指各单个产业技术水平的提高，而且是就整个产业结构而言的，它表明作为资源转换器的产业结构，具有更高效能的转换能力。②竞争高级化。竞争高级化也是产业结构高级化的一个重要内容。竞争高级化一般表现为两方面：一是竞争从分散的小规模竞争转化为集团间的集中性大规模竞争；二是伴随着产业结构有"软化"趋势，服务性竞争等"软竞争"的地位逐步上升，成为竞争获胜的重要武器。③信息化。信息资源越来越成为整个经济活动的基本资源，信息产业越来越成为整个经济结构的基础产业，具体体现在以下几个方面：一是产业构成。信息产业所占比重日益增大，不仅在整个产业结构中地位独立，而且作用显著，对经济增长起到决定性作用。二是信息资源成为经济增长的战略资源。三是新兴的信息技术在促进现代信息产业高速发展的同时向物质生产领域、劳务生产领域乃至整个经济领域和管理层渗透，改造着经济增长的技术基础。四是从事信息产业的人数剧增。五是经济增长对物质投入的依赖趋于减少，而越来越依靠信息劳动，依靠人的智力和知识的投入。总之，产业结构的重心将向经济效益和增长质量较高的信息产业发展。④产业结构"软化"。主要表现为：第三产业的比重不断提高，出现"经济服务化"的趋势。随着知识技术密集程度的提高，经济发展对科学技术人才，尤其对高新技术人才的依赖大大增强。产业结构高级化的主要标志是形成了与经济发展阶段相适应的主导产业群。

产业结构优化的概念是动态的，随着科技进步而不断发展，产业结构不断地优化使得产业结构由相对低效化向功利化进而向知识化演进，效率不断地提高，实现高效化发展。

第二节　产业结构的优化促进服务业全面发展

一、产业结构优化的过程就是服务业不断发展的过程

产业结构优化与服务业发展具有一致性，依据三次产业结构演进的规律和产业结构优化理论我们就可以得出此结论。经济学家们对产业结构的研究表明，服务业地位的提升实际上就是随着经济发展产业结构不断演进规律作用的结果。经济增长与产业结构优化具有一致性已经被无数的事实所证明，而服务业的发展也与经济发展水平密切相关，经济发展的过程反映了服务业发展的一般进程，也就是产业结构优化的过程，因此二者之间也是具有一致性的，即产业结构优化的过程就是服务业不断发展的过程。

从对产业结构合理化和高级化的研究中就会发现，产业结构优化的一般规律就是经济服务化。1962年，贝克尔（Becker）提出由物品向服务转移的思想，引发了人们对经济服务化的研究和探讨。典型的代表是范德梅维和瑞达等学者的三阶段理论、怀特等的四阶段理论和菲什宾等的物品-服务连续区理论，其中我们认为怀特等的四阶段理论较为合理，其具体内容是基于物品的服务，就是把既有的实物产品作为工具或平台，向顾客提供与物品相关的服务。他们把经济服务化的演进分为四个阶段，即物品——物品和附加服务业——物品-服务包——基于物品的服务或功能。一般认为，经济服务化是在工业化高度发展基础上产业结构的一种转变过程，具体表现为在产业结构中服务业的比重超过第二产业，成为经济活动的中心，而这与产业结构演进的规律和趋势是一致的。

美国哈佛大学商学院著名教授迈克尔·波特在1985年出版的《竞争优势》一书中提出了以制造业的生产活动为中心环节的价值链理论，并将其定义为企业所有互不相同但又相互关联的生产经营活动所构成的创造价值的动态过程。在他所建立的价值链模型中，将创造企业的利润的一系列价值活动分为基本活动和辅助活动。基本活动具体包括内部后勤、生产运作、外部后勤、销售和营销、服务五类活动，主要负责实物产品的物质创造及销售、转售给买方和提供售后服务；辅助活动包括采购、技术开发、人力资源管理、企业基础设施四种类型，这些活动主要是辅助基本活动的。这些不同的活动环节给价值链带来的增值程度是不同的，"微笑曲线"很生动地说明了这一点。"微笑曲线"是由宏碁集团前董事长施振荣于1992年根据个人电脑制造流程中各个环节的附加价值不同提出来的。"微笑曲

线"表明附加价值高的分别是处于上游的研究、设计和下游的营销、服务环节；而处于中游的加工、装配环节由于技术含量低、竞争激烈等原因成了价值链中最不赚钱的部分。在这种情况下，生产企业不得不重新考察其竞争优势，重新定位其核心能力。因此，许多传统的生产企业开始重视价值链中的服务部分，有些甚至专注于某一项服务活动，如处于价值链上游的研发、设计，处于下游的市场营销与售后服务，干脆放弃或者外包生产活动。这种变化使得服务业在生产的全部投入和全部产出中占据着越来越重要的位置，经济服务化的趋势逐渐形成。

经济发展不仅表现为经济总量的扩大，也表现为经济结构的优化。在工业革命之前，各国均以第一产业的农业为主体；在工业革命进程中，第二产业的工业得到迅速发展，所占比重迅速上升，农业所占比重逐步下降，第三产业所占比重则缓慢上升；此后，第二产业的工业所占比重由缓慢增长到逐步下降，而第三产业则由缓慢上升到迅速上升，这是一个相当长的渐进过程。到了工业化后期阶段，第一产业的农业所占比重已降到 5% 以内，第二产业的工业所占比重也大大低于第三产业，而第三产业所占比重已超过第一产业和第二产业的总和，它在一国的国民收入和劳动力就业中占据主要部分。因此，产业结构优化的过程也就是服务业不断发展的过程。

二、产业结构的不断优化有利于服务业的发展

什么样的产业结构才是优化的产业结构呢？我们借助赛尔奎因和钱纳里的研究结果进行说明，他们建立了国际标准结构模型，见表 2-1。

表 2-1　赛尔奎因和钱纳里模式

结构		人均国民生产总值的基准水平（按 1980 年美元价格）					
		300 美元以下	300 美元	500 美元	1000 美元	2000 美元	4000 美元
产值结构	第一产业	46.3%	36.0%	30.4%	26.7%	21.8%	18.6%
	第二产业	13.5%	19.6%	23.1%	25.5%	29.0%	31.4%
	第三产业	40.1%	44.4%	46.5%	47.8%	49.2%	50.0%
就业结构	第一产业	81.0%	74.9%	65.1%	51.7%	38.1%	24.2%
	第二产业	7.0%	9.2%	13.2%	19.2%	25.6%	32.6%
	第三产业	12.0%	15.9%	21.7%	29.1%	36.3%	43.2%

资料来源：Syrquin 和 Chenery（1989）

注：本表数据未经修约，可能存在比例合计不等于 100% 的情况

表 2-1 清楚地反映了随着人均国民生产总值的提高,无论是产值结构还是就业结构都出现了向"三、二、一"演进的趋势。上述三次产业比例变化在现代发达国家中表现得更为明显。今天在发达的工业国家农业人口可能只占 3%,农业生产率出现了巨大的增长,它把资源释放到了制造业部门。同样的道理,制造业生产率的巨大增长意味着,从事制造业生产的人口也在不断减少。在发达国家中,其服务业部门最大。新经济之所以能取得发展成果,向服务业的转移至少起了部分作用。这些都表明随着产业结构的不断演进和优化,服务业的地位和作用越来越重要,发展得越来越快。

服务业在经济发展的初期所占比重非常低,在进入农业社会、工业社会以后,其所占比重有缓慢的提高。产业结构变化之所以出现这种重心由农业向工业,再向服务业转移的趋势有其经济上的必然性。首先,只有在农业充分发展,农业劳动生产率大幅度提高,一方面创造出高于农产品消费的剩余收入,另一方面在提供大量农业原料和剩余劳动力的基础上,工业才能获得发展的条件。工业化实际上是进入现代经济增长阶段以后,国民经济发展和满足人们日益增长的消费需要的唯一归宿。其次,随着工业化的不断深入,工业的高度发展带来人们收入水平的迅速提高和物质财富的极大丰富,并为第三产业的发展创造了需求引力;同时,劳动生产率的迅速提高提供了越来越多的剩余劳动力,又为第三产业的发展创造了可能的条件。当工业化达到一个相当高的程度后,服务业能否充分发展就成为整个国民经济能否健康发展的决定因素。因此,优化的产业结构有利于服务业的快速发展。

第三节　服务业的发展推进产业结构优化

一、服务业的发展推进产业结构的整体优化

根据前述的产业结构理论我们知道,随着经济的发展,产业结构总是表现为不断地进行调整,从低层次向高层次、从劳动密集型向资本密集型进而向技术密集型有规律地进行演变,产业结构的效益也越来越高。在这个过程中,服务业对推动产业结构的整体优化发挥了重要的作用。

（一）服务业的增长提升了第三产业的产值比例

服务业本身作为三次产业结构的一个组成部分,它的增长直接增加了第三产业的产值比例,进而促进了产业结构的优化;另外,服务业的发展可以降低产品生产和交易的成本,提高效率,促进经济增长。同时,伴随着服务业的发展,其

内部结构也是在不断发展变化的。第二次世界大战后，特别是近些年来，在一些主要发达国家，随着经济的迅速发展，以及人们生活水平的提高，人们消费结构中生存资料的比重逐步下降，发展资料和享受资料的比重逐步上升。在这种趋势下，服务业内部结构的演变趋势有两个方面的表现：一是流通部门在第三产业中的比重下降，生活服务和生产性服务业部门的比重上升；二是现代服务业比重上升，传统服务业比重下降。新兴产业的增多和传统产业的改造，使第三产业逐渐走上高级化，进而推动产业结构的优化。

（二）服务业对产业结构整体优化具有的重要推进作用表现在服务业在三次产业相互作用过程中事实上的主导地位

刘伟和李绍荣（2002）的研究成果表明，服务业每增加1个百分点会促进GDP增加 1.682 个百分点，同时服务业内部各行业，如地质勘探、水利管理，体育卫生和社会福利业，商业批发零售贸易及餐饮业，社会服务业，交通运输仓储及邮电通信业，金融保险业在 GDP 中的份额每增加 1%，所带来的 GDP 的增加分别为11.333%、11.077%、2.188%、1.657%、1.132%和 1.021%。可见，服务业对促进经济良性发展及产业结构的优化是具有重要意义的。

（三）服务业对产业结构整体优化具有的重要推进作用还表现在服务业是劳动力转移及吸纳的主要承载者

就业结构反映了一国或地区人力资源在不同产业之间的配置状况，具体表现在：一是就业结构反映了产业结构的收益水平；二是就业结构反映了产业结构的要素构成；三是就业结构反映了产业结构的生产效率。就业结构在反映产业结构的同时，也影响着产业结构的变动。各产业的就业人员数量的富余，可改变产业结构的有机构成。因此，产业结构与就业结构在一定程度上相互推动，互为印证。随着各产业的就业人员素质的提高、产业内部要素组合的优化，产业结构的高度化得到了有力支持。可以从服务业与就业的一般规律及服务业内部就业结构的变动规律两个方面来进行考察。

1. 服务业与就业的一般规律

经济学家们早就注意到，在一个国家或地区的经济发展中服务业的作用越来越大，不仅服务业的产值在社会总产值中所占比重越来越高，而且服务业就业人口占全社会就业总人口的比重也越来越高。经济学家库兹涅茨、钱纳里、赛尔奎因等在分析产业结构动态演变的过程中，运用了丰富的数据资料得出了服务业就业比重不断上升的结论，他们具体的研究结论见表2-2。

表 2-2　就业结构变动的一般趋势

模式	人均 GDP/美元	农业	工业	服务业
库兹涅茨（大国）模式（按 1958 年美元价格）	70	80.3%	9.2%	10.5%
	150	63.7%	17.0%	19.3%
	300	46.0%	26.9%	27.1%
	500	31.4%	36.2%	32.4%
	1000	17.7%	45.3%	37.0%
钱纳里、艾尔金顿和西姆斯模式（按 1964 年美元价格）	100	68.1%	9.6%	22.3%
	200	58.7%	16.6%	24.7%
	300	49.9%	20.5%	29.6%
	400	43.6%	23.4%	33.0%
	600	34.8%	27.6%	37.6%
	1000	28.6%	30.7%	40.7%
	2000	23.7%	33.2%	43.1%
	3000	8.3%	40.1%	51.6%
赛尔奎因和钱纳里模式（按 1980 年美元价格）	<300	81.0%	7.0%	12.0%
	300	74.9%	9.2%	15.9%
	500	65.1%	13.2%	21.7%
	1000	51.7%	19.2%	29.1%
	2000	38.1%	25.6%	36.3%
	4000	24.2%	32.6%	43.2%
	>4000	13.0%	40.0%	47.0%

资料来源：库兹涅茨（2005）

从表 2-2 可以看出这三种模式一致表达了随着人均 GDP 水平的提高，服务业就业比重不断上升。20 世纪 80 年代之后，西方世界经济出现了持续的高增长、高就业、低通胀现象，其原因之一就是服务经济在维持充分就业方面显示出的特殊作用，即当经济发展水平告别了短缺经济后，人们的消费需求领域不断扩大，从低层次向高层次、从物质领域向精神领域拓展，以人为本、以改善生活质量为目的的服务需求持续增长。而新的需求又推动了新的供给，使经济出现社会总供求的良性互动，形成减缓经济衰退的强大反作用力。如今，服务业已经成为世界经济发展中增长最快的行业，随着服务业的不断发展，服务业就业比重也不断提高，服务业成为吸纳劳动力就业的主渠道，国内外的发展历程都证明了这一点。

2. 服务业内部就业结构的变动规律

服务业内部包含的行业众多，既有劳动密集型行业，也有技术、资本、知识密集型行业。因为它们对劳动力需求有所不同，故其吸纳劳动力的能力也有很大的差异。

马歇尔指出，在英国工业化时期，吸纳劳动力较多的实际上是服务业，而且主要是那些生产率提高不大的服务业部门。他指出自 1851 年来，在英国以农业为牺牲而迅速增加的职业中，突出的职业除了矿业、建筑业、贸易和公路运输之外，还有中央和地方政府的职务；各级教育事业；医疗业务；音乐、戏剧和其他娱乐业，这些职业都没有从新发明中获得很直接的帮助，在这些职业中，现在人类劳动的效率，比一个世纪以前提高了不少。所以，如果这些职业所吸纳的工业人口的比例不断增大，自是意料中事。Gershuny 和 Miles 对欧洲共同体国家 1963～1978 年服务业内部各行业就业比重变动趋势的研究发现，生产者服务和以非市场方式提供最终服务的部分（主要包括教育、医疗卫生、社会福利、政府服务等）的就业比重上升迅速，其他服务部门就业比重要么下降，要么变动趋势不明显。黄少军（2000）通过对中外服务业的实证分析，得出结论："就服务业内部而言，传统消费型服务业在整个工业化过程中逐步降低比重，到工业化后期已经占很小的比重；新兴的社会服务业在工业化后期开始增加，弥补传统服务业的下降，因此最终消费型的服务业比重基本不变；社会交易成本型服务业比重在工业化中后期开始上升，其中政府行政部门略微增加然后基本不变，企业服务部门则不断发展，其原因主要是分工深化带来的'挤出'效应的结果，指企业内部的会计、法律、技术、信息处理甚至行政事务部门从企业中不断分化出来，但社会交易成本型服务业在整体经济中占的比例仍然很低。"张淑君（2006）通过建立回归模型分析表明，我国服务业内部各行业的就业比重与人均 GDP 之间相关程度最高的是房地产，其次是金融保险业、交通运输仓储及邮电通信业、科学研究和综合技术服务业。在此基础上，其又综合分析服务业内部各行业的就业结构、就业弹性、结构偏离度和比较劳动生产率的结果表明：房地产业、其他服务业（具体包括法律服务、会计服务、建筑及工程服务、专业设计服务、计算机系统设计、管理、科学和技术咨询、广告业等行业）、社会服务业、金融保险业等现代服务业的就业比重随着经济的发展不断上升；以批发零售和餐饮业为代表的劳动密集型服务业，其产值增长缓慢但就业人数大幅度上升，近年来其吸纳劳动力就业的能力在减弱。综上所述，一般认为，在前工业社会，个人服务和家庭服务在整个服务业中的就业比重最大；在工业化前、中、后期，整个服务业中就业比重最大的行业依次是交通运输等提供公共服务设施的行业、金融和保险业、广告咨询等生产者服务业及旅游等个人服务业；在后工业社会，教育、通信等信息服务业在整个服务业中的就业比重最大（王吉科和颜廷标，2004）。

就业结构也是反映产业结构优化程度的一个方面，传统服务业具有的较强的吸纳就业的能力和现代服务业对高素质人才的需求和应用都为产业结构的不断优化创造了条件。

（四）现代服务业的发展对推进产业结构优化具有更为重要的意义

以知识密集型为特征的现代服务业是服务业发展的主流方向，以现代服务业为主的产业结构代表了一个国家（地区）产业结构优化升级的方向，因此现代服务业的发展对推进产业结构优化的作用更为突出，它通过与高新技术的不断融合，实现产业结构的高度化和高效化，继而推进产业结构的优化。

现代服务业的发展可以降低产品生产和交易的成本，因而具有提升经济发展水平、改善经济运行质量的作用，从经济增长理论角度来看，这种推动效应的获得与现代经济重要的增长要素技术之间是紧密相关的。那么，为什么高新技术会不断地向服务业渗透呢？假设某个特定企业要想在竞争中获取优势，那它就必须能够在价值链中对某些重要的战略环节具有控制权，即这种竞争优势的获取与该企业在价值链中的位置是紧密相关的。而企业在价值链中的位置通常取决于企业自身的技术和能力、企业所处的网络结构，以及企业所处环境的交易费用，在上述的三个层面中，高新技术与现代服务业的耦合有着非常大的作用空间。

二、服务业的发展推进其他产业的发展和结构优化

服务业发展对产业结构优化升级的推动作用还表现在服务业通过促进其他产业结构的优化，进而带动整体产业结构的优化。服务业通过发挥其"黏合性"的作用，通过向第一产业、第二产业渗透、融合，促进其他产业的发展。

目前，对于服务业尤其是生产性服务业与第二产业发展的互动关系的研究比较多也比较深入，这是因为工业化的历史使命尚未完成，为此服务业要优先服务于工业。改革开放40多年来，中国经济获得了长足的发展，工业化水平也得到了极大的提升。中国社会科学院发布的《2017工业化蓝皮书》表明，到2021年，中国的工业化水平综合指数将达到100，中国将实现工业化；预计2040年前后，中国将基本实现工业现代化。中国工业化的步伐加快，要归功于与之相匹配的服务业的快速发展。

第三章 产业互动发展的实践检验

第一节 第二产业与第三产业发展关系研究

一、第二产业内部结构演变的一般规律

第二产业内部结构演变的趋势表明了第二产业结构优化的方向。第二产业内部结构演变的一般趋势可以概括为两个方面。①工业重心转移发展趋势。工业发展重心的转移，呈现轻工业→重工业→技术密集型工业的发展趋势。世界主要发达国家，其发展工业的重心转移大致都是如此，尤其是工业革命开始较早、实现工业化在前的一些发达国家，更为典型。究其原因，产生上述变化趋势，是由于各国工业革命开始之后，在相当长的时期内，会以轻工业发展为重心，这是因为轻工业投资少，建设周期短，资金回收快，且直接满足人民消费需要，市场比较广阔。但是，要想使国民经济更快发展，则必须发展重工业，特别是发展机械制造业。所以，经过一段时期之后，各国的重工业得到更快的发展。近几十年来，一些发达国家大力发展高新技术，使工业更加技术集约化。②制造业内部结构发展的两个共同趋势。制造业在工业中是相对于采掘业的加工工业，包括对采掘业和农业提供的原料进行加工和再加工的工业。考察各发达国家，制造业内部结构变化呈现如下两个共同趋势：一是在工业进入以重工业为重心的阶段后，呈现制造业中原材料工业比重逐步下降，加工业比重逐步上升的趋势；二是具有发展重心由劳动密集型、资本密集型向知识技术密集型转移的趋势。

二、服务业与第二产业的结构优化

Andersson 在控制劳动力的获取程度、生产性服务业部门的规模及制造业的平均工资和制造业部门的规模这些因素后，通过构建联立方程进行研究，结果表明服务业的发展能促进制造业的发展。那么服务业是怎样促进第二产业的发展及其结构升级的呢？这就需要探讨一下服务业在第二产业中的功能。第一，服务业为第二产业开辟了新市场。随着人民生活水平的提高，买者对于差异化、个性化、定制化产品的需求将会增加，而服务技术与制造业的融合能够显著地扩大物品的生产数量和使用范围，因此，服务业帮助制造业顺应这一趋势，满足新需求。第二，服务业通过渗透工业部门，使工业部门的 R&D 力度不断提高，使企业的创

新能力不断增强，有助于促进企业生产经营的可持续发展。第三，制造业产品的增值很大部分是来源于服务的，因此服务业渗透到工业结构之中，将有利于促进工业结构高级化，提高工业产品的附加值，有利于制造企业提升企业竞争力。第四，服务业还可以加速工业组织方式的变化，使工业由传统的生产型体系向生产服务综合型体系转化，这更加符合知识经济时代的要求。

三、生产性服务业与第二产业的结构优化

服务业比重的增加主要来自两个方面：一是制造业内部不断将一些非生产性活动外包；二是制造业的结构转型，这也是更为重要的原因，从而使得生产过程中对中间性服务投入的需求越来越大。与第二产业最密切相关的服务业就是生产性服务业，从严格意义上来说，生产性服务业就是从第二产业中独立出来的，一般认为，生产性服务是指被用作中间投入的服务。随着经济的发展和分工的深化，企业内部不能提供所有的中间投入，生产性服务业提供的中间性服务作为生产要素融合于生产的各个阶段和环节，既有助于企业降低生产成本和组织成本，又能提升产品质量、改变产品内容、提高产业链效率和产业竞争力，进而推进第二产业结构的优化。不仅如此，随着专业化和社会分工的不断深化，制造业价值创造活动中的一些环节将独立出来，如研究开发、设计、后勤供应等，制造业的服务成分不断增加，如技术支持与培训、售后服务等；信息技术等新技术的发展，催生了社会对信息技术服务的大量新需求，创造了新的产业和就业岗位。这就意味着制造业不仅是服务的需求者还是服务的供给者，服务业与制造业的关系越来越紧密。

上述的变化可以通过权变理论来解释。20 世纪 60 年代，许多学者发现，组织和环境之间相匹配十分重要。例如，劳伦斯和洛什通过研究发现，组织的子系统（如销售、研发、生产）之间在结构与导向上存在差别，这种差异化与各子系统面临的特定子环境密切相关，同时，与环境相适应的组织的差异化和一体化状态，也与组织的相对经济绩效存在联系。正是为了适应不断变化的消费和竞争环境，制造业企业才有动因不断将服务外包并分离出一些服务业。

本书在第一章的文献研究部分，已经对生产性服务业与制造业的关系进行了分析和说明，工业制造业与服务业之间并非简单的因果关系，而是一种不断加强的相互依存的双向互动关系。更进一步地，在工业时代，由于生产性服务越来越广泛地被动参与到生产制造的过程中，它的角色逐渐从具有润滑剂效果的管理功能，转变成一种有助于工业生产各阶段更高效运营及提升产出价值的间接投入。在后工业时代，经济发展不仅依赖于工业生产，而且仰仗于各个经济部门，生产性服务更全面地参与到经济发展的各个层面而成为新型技术和创新

的主要提供者和传播者，具有更多的战略功能和"推进器"效果。我们可以通过生产性服务业在制造领域的作用变迁来说明其对第二产业结构优化的推进作用，详见表 3-1。

表 3-1 生产性服务业在先进的生产系统中角色的演变

Ⅰ（20 世纪 50～70 年代）管理功能（"润滑"效果）	Ⅱ（20 世纪 70～90 年代）促进功能（"生产力"效果）	Ⅲ（20 世纪 90 年代至今）战略功能（"推进器"效果）
财务	管理咨询	信息和信息科技
总量控制	市场营销咨询	创新和设计
存货管理	咨询工程（工程业）	科技合作
证券交易	商业银行	全球金融中介
	房地产	国际性大项目融资

资料来源：李江帆和毕斗斗（2004）

表 3-1 清晰地表明了自 20 世纪 90 年代以来，生产性服务业更全面地参与到经济发展的各个层面而成为新型技术和创新的主要提供者与传播者，已由原来的"润滑"效果转向了具有更多的战略功能和"推进器"效果。可见，服务业的发展能推动第二产业的结构优化。

综上可见，二者之间是相辅相成、互动发展的。

第二节 国内外发展实践

接下来，我们选取国外部分发达国家和国内部分省（自治区、直辖市），通过研究它们的实践活动来证明和支持前面的结论，同时也为黑龙江省如何发展提供借鉴和参考。

一、国外的实践

（一）美国

美国是世界上经济最发达的国家，其服务业的发展与产业结构的演变体现着市场经济国家发展变化的一般规律，研究其服务业与产业结构的变动具有重要的指导和借鉴意义。

第二次世界大战以来，美国的经济持续发展，以占世界最大份额的总量居世界各国之首，美国经济的这一发展态势与其服务业的发展和产业结构的转变密切相关，详见表 3-2。

表 3-2　第二次世界大战后美国三次产业的产值和就业变化

项目	年份	第一产业	第二产业	第三产业
产值比重	1950	6.8%	35.6%	57.6%
	1960	3.8%	33.9%	62.3%
	1970	2.6%	31.0%	66.4%
	1980	2.2%	30.1%	67.7%
	1990	1.7%	24.5%	73.8%
	2000	1.0%	22.1%	76.9%
	2005	1.0%	20.3%	78.7%
就业比重	1950	5.2%	36.3%	58.5%
	1960	3.7%	34.0%	62.3%
	1970	2.1%	30.6%	67.3%
	1980	2.0%	26.3%	71.7%
	1990	1.7%	21.3%	77.0%
	2000	1.8%	18.4%	79.8%
	2005	1.8%	16.3%	81.9%

资料来源：陈凯（2008）

依据上述对产业结构演进一般规律的阐述表明，随着经济的发展，三次产业的地位顺次呈现从"一、二、三"到"二、一、三"再到"三、二、一"的格局。由表 3-2 可知，美国的产业结构自第二次世界大战以来就形成了"三、二、一"产业结构格局，可见美国的产业结构是高度化的。

由于美国农业机械化、社会化和高技术化实现程度高，发展速度较快，农业劳动生产率高于一般工业国家，从而释放劳动力的速度和数量也高于一般工业国家。表 3-2 显示随着经济的发展，美国的第一产业无论是产值还是就业所占的比重都是不断下降的，这符合产业发展的规律。第二产业也同样体现了这种趋势：相对产值比下降，劳动力趋于稳定和稍有下降。伴随着第一产业、第二产业产值比重的不断下降，第三产业产值比重不断上升，从 1950 年的 57.6% 上升到 2005 年的 78.7%，第三产业快速增长，美国成为世界上最早出现经济服务化的国家和地区之一。第三产业的快速发展并占据了绝对的主导地位是美国产业结构目前最突出的特征。

美国的第三产业不仅整体发展速度快，内部结构也相对合理，现代服务业发展迅速，详见表 3-3。

表 3-3　美国 2000～2003 年服务业内部产值结构

服务业内部行业	2000 年	2001 年	2002 年	2003 年
批发、零售贸易，机动车及个人、家庭用品修理业	17.0%	16.8%	17.0%	16.7%
旅馆和饭店业	3.5%	3.4%	3.5%	3.4%
运输、仓储和通信	8.6%	8.3%	8.0%	7.9%
金融中介	10.0%	10.1%	10.1%	10.4%
房地产、租赁及商务活动	31.8%	31.8%	31.4%	31.1%
公共管理和国防，社会基本保障	9.4%	9.5%	9.6%	9.7%
教育	6.4%	6.5%	6.6%	6.5%
卫生和社会工作	8.1%	8.5%	8.8%	8.9%
其他团体、社会和个人服务	4.9%	5.0%	5.0%	5.0%
雇人的私人住户	0.2%	0.2%	0.2%	0.2%

资料来源：《国际统计年鉴 2005》

注：由于本表数据未经修约，可能存在比例合计不等于 100%的情况

　　虽然美国与我国服务业的分类标准有差异，但还是具有一定的可比性的。从表 3-3 可知，美国的房地产、租赁及商务活动，金融中介等现代服务业发展迅速，已经成为美国服务业发展的主力军。

　　美国现阶段"三、二、一"的三次产业结构是符合经济发展的后工业化阶段特点的最优产业结构。美国的经济增长和产业结构合理化、高度化的经验已经成为世界各国研究和效仿的实例。

（二）日本

　　日本是世界上最早进行产业政策、产业结构研究并取得成功的国家。日本在第二次世界大战之后，面临资本、劳动力、自然资源等要素严重不足的困难，之所以能迅速崛起并在极短的时间内跻身发达国家的行列，要归功于其充分发挥了结构因素对经济增长的推动作用。

　　日本作为第二次世界大战后后起的发达国家之一，由于泡沫经济崩溃和日元持续升值等因素的影响，面临新兴经济体强大的竞争压力，传统的出口导向型经济模式受到严峻挑战，经历了漫长的结构改革和调整时期。深入研究 20 世纪 90 年代以来日本产业结构变化及其产业政策在其中发挥的作用，对于我们了解日本产业结构调整的经验和教训，为黑龙江省产业结构升级提供借鉴和参考具有十分重要的意义。

1. 20 世纪 90 年代日本产业结构的变化和服务业的发展

第一，在全部 GDP 中比重上升幅度最大的行业是服务业、批发零售、金融保险、政府服务、房地产、运输通信等行业，全部属于第三产业，表明这一时期结构变化的主要特点是第三产业的地位明显上升。

第二，制造业、农业、建筑业、矿业等行业的比重有所下降，其中建筑业的下降幅度达到 3.7%，在所有行业中下降幅度最大，其次是制造业。说明 20 世纪 90 年代日本泡沫经济崩溃后，民间建筑投资，尤其是住宅建设投资一蹶不振，成为制约经济增长的主要因素之一。制造业也因为国内消费需求收缩和出口增长放缓等因素的影响而面临调整压力。

第三，政府服务和居民非营利服务、电力煤气供应等公共服务类行业的比重有所上升，说明在通货紧缩条件下，民间产业部门的经济活动增长缓慢，地位相对下降；公共支出在经济增长中的作用有所加强。20 世纪 90 年代与 80 年代比较，最大的区别也在于此。

从以上特点可以看出，进入 20 世纪 90 年代，在经济持续低迷的背景下，日本的民间产业部门增长放缓，公共支出对经济增长的带动作用提高；制造业大国的地位逐渐发生了变化，传统产业的竞争力面临挑战和竞争压力，服务业的地位明显上升，经济转型的趋势加快。

2. 2000 年以来日本产业结构的变化和服务业的发展

2005 年日本三次产业结构发生了较大变化：一是第三产业增加值在全部 GDP 中的份额进一步上升到 69.7%，占据了绝大部分的比重；二是第一产业的比重继续下降，下降幅度有所缩小，在全部 GDP 中的份额已经降低到 1.5%；三是第二产业增加值所占比重下降，并且下降幅度有所加快，2005 年降低到了 28.8%。

具体来说，这一时期日本产业结构变化的特点主要表现在以下几个方面：一是服务业、运输通信、金融保险等行业作为重要的服务产业，具有持续增长的潜力，在国民经济中的地位明显上升，并带动整个第三产业比重提高到占 GDP 近70%的水平；二是受益于国际国内市场需求增长，制造业作为国民经济支柱产业之一的地位在这一时期有所上升，但成长潜力低于第三产业中的服务业，今后有可能失去第一大支柱产业的地位；三是电气机械、运输设备、普通机械作为制造业中支柱产业的地位进一步加强，也是这一时期最具成长性的行业，对制造业保持国民经济支柱产业地位发挥了重要作用；四是这一时期仍然以巨大产业规模为背景高居支柱产业地位的批发零售商业、食品等传统行业，由于比较优势的变化，正在面临结构调整的压力，产业成长性表现不佳。

总之，以机械设备类行业为代表的制造业振兴和第三产业作为经济增长中心的地位进一步加强，是 2000 年以来日本产业结构变化最为突出的特点。

（三）德国鲁尔区

根据研究的需要，本节只是对德国鲁尔区的产业结构调整进行研究。德国鲁尔区不仅是德国最大的工业区，也是世界最重要的工业区之一，位于德国西部、莱茵河下游支流鲁尔河与利珀河之间的地区，通常将鲁尔煤管区规划协会所管辖的地区，作为鲁尔区的地域界线。20 世纪的 50 年代之前，鲁尔区是德国的经济中心，50 年代以后随着技术进步和能源结构的变化，鲁尔区逐渐走向衰退。20 世纪 60 年代以后，通过清理改造和产业结构调整，到 20 世纪 90 年代，鲁尔区从以煤炭和钢铁工业为中心的资源型生产基地，转变为以煤炭和钢铁生产为基础，以电子计算机和信息产业技术为龙头，多种行业协调发展，工业布局合理，结构优化的新型经济区，目前已经取得了世人瞩目的成果。

1. 转型前产业结构的特征

结构转型前的鲁尔区作为一个老工业基地，其显著特点是以采煤、钢铁、机械制造等重工业为核心，并同时是德国的能源基地、钢铁基地和重型机械制造基地，这三大部门的产值曾一度占全区总产值的 60%。主导产业主要是采掘业和钢铁工业，这两项工业的技术需求低，基本上都是大机器及手工作业，属于劳动密集型产业，生产的都是劳动密集型产品，技术革新缓慢，主要特点就是产品技术含量低、性能差，但是产品生产成本却很高。转型之前的德国鲁尔区的采掘业和钢铁工业以大型传统工业企业为主，这种企业结构导致了生产的高度集中化。传统工业企业的市场依赖性强，工业产品的供给弹性小，使得鲁尔区产业结构调整乏力。

这个时期鲁尔区的产业结构是典型的重型化工业结构，而且以传统工业部门生产为主，采掘业、原材料工业占绝对比重，服务业所占的比重低，产业结构具有强烈的资源依赖性、初级性和低层次特点。

2. 转型后的产业结构

总体来看，鲁尔区的经济结构转型主要经历了以下阶段。①1968～1984 年，夕阳产业撤让、拯救老企业。针对煤炭和钢铁工业的衰落态势，鲁尔区以再工业化为主题进行了经济结构的转型。1968 年，鲁尔区迈出结构转变第一步，从旧厂区改造入手，更新和发展基础设施，为新产业兴起创造良好条件。同年出台的鲁尔发展规划是北莱茵-威斯特法伦州政府第一个大规模结构政策计划，政府重点采取了对矿区进行清理整顿、将采煤业集中到盈利多和机械化水平高的大矿井、调整企业的产品结构和提高产品技术含量等措施。随着 1971～1975 年五年发展规划的实行，煤钢在经济中所占比重开始下降。1979 年，鲁尔区提出技术创新纲要，鼓励产、学、研合作，推动技术成果转化，推动新产品、新工艺开发，园区建设渐入高潮，推动了煤炭和钢铁工业整合，加快了化工和机械制造等行业的发展。

②1980～1989 年，引入高新产业促进产业结构转型。这一阶段鲁尔区以新型工业化为主题，进行结构调整，通过发展高新技术产业，对传统产业进行调整，加快新产业区的扩展。1980 年出台的鲁尔行动纲领提出的结构调整目标是：扩大落实经济及技术政策措施，中小型企业应作为创造就业的核心动力，大规模增扩建技术中心和培训设施。1986 年鲁尔区政府提出赋予区内独立区县更多自主权，以加速矿区振兴步伐。1989 年，鲁尔区推出 10 年振兴规划，将产业升级、矿区改造和城市建设融为一体，打造综合竞争力，并旨在形成以机械制造、专门化工、汽车配件、能源技术等 12 个门类为主的多样化的产业结构。通过大规模的经济转型形成了新的产业结构。③1989～1999 年，以区域经济一体化为背景的结构转变阶段。这一时期在再工业化、新型工业化发展的基础上，鲁尔区以区域经济一体化为背景，从 1989 年开始在欧盟的扶持下推进结构转变，欧盟重点资助项目给予的资金扶持面向未来的煤钢区域联盟，以加强区域一体化。在欧洲一体化这股洪流的带动下，鲁尔区开始更大规模的经济二次转型，向纵深发展。④自 2000 年以来，以发展产业集群和服务业为主要内容进行转型。为了进一步提高德国鲁尔区的区域竞争力，鲁尔区政府以网络化和集群化政策为主，依托本地区经济优势，形成产业集聚的区域竞争优势。经过几十年的经济转型，目前鲁尔区已经从德国的煤炭及钢铁制造业逐步变成了一个以煤炭和钢铁为基础，以高新技术产业为龙头，多种行业协调发展的综合新经济区。经过经济结构的转型，鲁尔区的经济结构出现了新的特征。除已关闭的煤矿、铁矿等资源型产业外，现在保留的和新发展的产业如机械制造、精密加工、精细化工、食品加工及汽车、钢铁、交通、能源等行业的生产与制造，都广泛地依托产业集群，积极发挥服务业尤其是生产性服务业的作用，延长传统产业的产业链，提高生产效率和市场竞争力。

二、国内的实践

（一）中国山东省

山东省是农业大省，也是工业强省，资源型、初加工型工业比重较高，产业结构以重型化为主，主要支柱产业中，煤炭、建材、发电、化工、冶金等都是高耗能产业，对能源的依赖性较大，由此可见，山东省产业结构调整的任务是艰巨的。多年来，山东省依照节能减排的目标原则进行调整，产业结构不断优化。

1. 调整的过程

山东省产业结构的调整大致经历了以下四个阶段：①20 世纪 70 年代末至 80 年代后期。山东的结构调整从 20 世纪 70 年代末开始。20 世纪 70 年代末至 80 年代后期，山东以提高农业生产力、加大发展轻工业为主题，进行了改革开放以来第一次产业结构调整。适时进入了买方市场形成时期。这个时期内，山东通过增加投入、扩大生产能力调控手段，解决了温饱和供应短缺问题。②20世纪90年代初至90年代中期。到20世纪90年代初，山东的商品短缺问题基本解决，一般工业品出现阶段性、结构性剩余。此背景下，20世纪80年代末至90年代中期，山东开始了以突出基础产业和基础设施发展、解决"瓶颈"制约为重点的又一轮结构调整。这一时期，借助有力的政策推动，山东集中力量发展起能源、原材料、运输等基础产业，有效缓解了能源、交通、重要原材料等基础产业和基础设施的制约，山东的公路运输、电力、化工、建材等基础产业的生产能力与产量均名列全国前茅。③20世纪90年代中后期至21世纪初。以往产业结构的调整虽然取得了一定的成绩，但山东也出现了大部分产品生产能力利用率降低、生产设备开工不足等严重结构性问题。这些新的结构性矛盾标志着以数量扩张实现经济增长为主的发展阶段必须结束，而代之以提高经济素质、推进产业升级、增强市场竞争力为特征的战略性调整阶段已经来临。90年代中后期以来，山东始终将这个新任务作为主攻方向，致力于第一产业中林、牧、渔业比例的提升，壮大农业产业化龙头企业规模。第二产业方面，以产业升级和技术进步为手段，形成了一批有影响力的优势企业和名牌产品。与此同时，第三产业占GDP比重继续提高，并作为山东省委、省政府在21世纪要重点关注的亮点之一，已成为支撑经济发展的重要力量。④21世纪初以来。21世纪以来，山东省围绕结构调整这条主线，抓住自主创新、节能降耗和环境保护三个重点，进一步推动经济增长方式由粗放型向集约型转变。山东省近年来大力调整产业结构，发展高新技术产业，限制高耗能行业，用先进技术和清洁生产技术提升传统产业，重点发展低耗、高效产品；大幅度压缩第一产业，大规模发展第三产业，突出培育现代服务业发展，大搞加工业基地，打造经济强省。

2. 山东省产业结构的现状

改革开放以来，山东省逐步成为中国东部沿海经济大省，2015年，山东省第一产业增加值只占地区生产总值的7.9%，第二产业占46.8%，第三产业占45.3%，第二产业、第三产业增加值占地区生产总值的92.1%，这样的产业结构，对推动山东地区生产总值的高速增长，可以说是功不可没，三次产业结构日趋合理，详见表3-4。

表3-4　山东省三次产业结构的演进

时期	第一产业	第二产业	第三产业
中华人民共和国成立初期	65.77%	18.13%	16.10%
1978年	33.29%	52.94%	13.77%
2015年	7.9%	46.8%	45.3%

资料来源：《中国统计年鉴2016》

　　从表 3-4 可以看出，1978 年以前，山东省第一产业的比重最高，是典型的农业经济省份。1978 年的家庭联产承包责任制改革极大调动了农民生产积极性，第一产业生产得到迅速发展，第一产业的产值迅速上升。随着山东省第二产业、第三产业的发展，山东省工业化进程加速，第一产业在地区生产总值中的份额基本上呈现持续下降的趋势。1978 年，山东省和全国一样，过度重工业化带来第二产业比重"虚高"，之后经过 20 多年的发展，山东省第二产业比重先下降，再持续稳定上升，改变了第二产业比重"虚高"问题，开始了第二产业真正的市场化大发展，基本形成了以能源、化工、冶金、建材、机械、纺织、食品等支柱产业为主体的工业体系。1978 年，山东省第三产业和全国一样，不受重视，改革开放以来，放开第三产业，山东省第三产业发展迅速，比重不断上升。

　　由第一产业比重下降，第二产业、第三产业的比重上升，而且第三产业在地区生产总值中所占比重稳定的增加，表现出了山东省良好的发展势头，这些变化和趋势都表明了山东省产业结构的演进符合产业结构优化过程，产业结构调整的效益较高。

　　目前山东省三次产业的整体格局是"三、二、一"，这归功于其较发达的服务业，尤其以金融、旅游、会展为龙头的现代服务业的迅速发展。

（二）中国浙江省

　　与全国总体发展水平相比，浙江省已经发展成了全国经济增长最快、活力最强的省份（自治区、直辖市）之一，其地区生产总值的增长速度已经连续十几年高于全国平均水平。2015 年其地区生产总值达到了 42 886.49 亿元，仅次于广东省、山东省和江苏省，排在第四位。

　　在浙江省产业结构调整和优化的过程中，具有标志性意义的年份分别是 1987 年和 1998 年。在 1987 年，浙江省服务业占其地区生产总值的比重提升到了 27%，首次超过了第一产业的比重，使浙江三次产业结构实现了"二、一、三"到"二、三、一"的历史性转变；在 1998 年，服务业增加值的增速首次超过了第二产业，改变了 20 世纪 90 年代初期以来第二产业增速大大快于服务业的局面。到了 2008 年，浙江省服务业的总产值已经位列全国第四位，占其地区生产总值的比重超过了 40%，达到了 41%，2015 年已经占到了 49.8%，占比接近一半。

　　浙江省非常重视服务业的发展，浙江省第十二次党代会把服务业发展作为新的经济增长点和结构调整的战略重点，2007 年底召开的全省经济工作会议进一步强调推动服务业向成为经济增长的主体力量转变。2008 年浙江省政府出台了《浙江省服务业发展规划（2008—2012 年）》和《浙江省人民政府关于进一步加快发展服务业的实施意见》，这预示着大力推进服务业发展，已成为未来相当长一段时期内浙江省产业转型的重要战略。

　　浙江服务业发展较快的行业是运输邮电仓储业、批零贸易餐饮业和社会服务业。据统计，20 世纪 90 年代这三大行业增加值的年均增长速度分别达到 18.0%、17.0% 和 17.3%，均高于服务业的平均增长速度。这三大行业的从业人员所占的比重也最高。2015 年，浙江省的交通运输仓储和邮政业、批发和零售业、住宿和餐饮业、金融业、房地产业分别实现产值 1631.88 亿元、5245.03 亿元、995.02 亿元、2922.93 亿元、2351.42 亿元，分别占服务业总产值的 7.6%、24.6%、4.7%、13.7%、11.0%。目前全省已形成商贸流通、交通运输、文化、旅游、金融保险、房地产六大优势服务业，新兴服务业获得了发展。

　　通过以上研究可以得出以下两个基本的结论。一是服务业尤其是现代服务业的发展带动了产业结构的优化。美国、日本、德国的鲁尔区、中国的山东省和浙江省经济的发展都得益于坚持把发展服务业作为促进产业结构调整、推动经济发展、创造就业新领域的战略，服务业已经成为产业结构优化的突破口。美国的服务业，就是以高度发达的信息产业为主体，依靠通信产业、旅游业、外贸流通业支撑，而且美国的第三产业与其他领域融合发展，也带动了相关产业的发展。具体到第三产业内部各行业，GDP 的增长及第三产业比重的提高主要是由社会服务业、金融保险业和房地产业推动的，可见美国的服务业在其产业结构优化的过程中起到了重要的推动作用。另外，对就业的贡献也是服务业推动产业结构优化的有力证明。就业是世界性问题，各国都面临着就业问题的巨大压力。日本在经济低迷的情况下遭遇了失业率节节攀升的局面，为了缓解就业压力，日本制定了服务业发展促进政策，成为有效缓解就业需求下降矛盾的重要影响因素之一。对于资源型地区来说，随着资源的枯竭，就业问题就成为老工业区改造过程中一直面临的难题。经济增长的放慢和技术进步导致了一些部门必然要减少劳动力，客观上造成了劳动力的空间流动。如果老工业区想要解决原有产业职工失业问题，就必须在创造大量新的岗位的同时，对原有产业职工进行再培训，以确保他们能够适应新的工作岗位。为了缓解职工就业压力，鲁尔区政府加强对下岗职工的职业技术培训，提高他们的职业技能，同时，多方面拓展就业渠道。鲁尔区政府主要从三个方面促进就业，其中之一就是大力发展服务业等劳动密集型产业，为企业创办者提供创业培训、低息贷款、技术指导、市场咨询和管理服务等一系列支持。二是优化的产业结构有利于服务业的发展。以上的实例说明经济越发达、产业结构越优化的地区服务业也就越发达。中国经济的发展水平整体上落后于西方国家，产业结构也相对不够优化，因此服务业的发展也是滞后的。

第四章 农业服务业与农业互动发展研究

第一节 农业服务业与农业互动发展的需求研究

一、服务业需求上升规律

服务需求上升规律，是指人类对服务产品的总需求的增长速度随着人类社会的发展而增加。伴随工业化和现代化的发展，服务业增加值在 GDP 中的比重逐步上升，先是超过农业，后是超过工业；其内部的传统服务业的比重下降，现代服务业的比重上升；其劳动生产率趋于上升；其在经济社会发展中的地位和作用逐步增大，以致服务业成为占主导地位的产业。这些世界各国服务业发展的共同特点可以被看作是反映经济规律的服务业发展的一般趋势。

根据美国经济学家罗斯托在 1960 年出版的《经济成长的阶段》一书中的介绍，任何的人类社会都可以按照其经济的发展水平被归为以下几类，即传统社会、起飞准备阶段、起飞阶段、成熟阶段、高额群众消费阶段和追求生活质量的阶段。具体来说，他所说的传统社会，是指人类对世界的认识处于非常原始的状态，生产完全受制于自然条件，生产力水平极其低下，生产方式粗放，扩张主要依靠投入要素的增加，人们的生产活动集中于农业部门。起飞准备阶段是一个过渡转型期，即由传统社会转向起飞阶段的过渡时期。过渡总是意味着动荡，在这一时期社会的方方面面都会出现变化，在经济上的变化则是逐步表现出社会商业化的趋势，如商业化的经济活动、金融市场的出现和发展等。他认为起飞准备阶段的一个重要特征就是劳动力的转移，即占劳动人口大多数的农业劳动力向非农业转移，为起飞阶段奠定基础。起飞阶段被罗斯托认为是一个国家最重要的经济发展阶段，在这个阶段经济开始进入稳定而快速增长的时期，在产业结构上主要表现为现代部门的成长。成熟阶段是一个主要依靠技术进步来实现高度物质文明的时期。高额群众消费阶段是指大部分人的基本衣食住行完全得到满足，城市化程度高，就业劳动力"白领化"，物质财富相当发达。追求生活质量的阶段是罗斯托后来加上的，他认为在这一阶段人们更加注重生活质量的高低，服务业、城市和城郊建筑业等部门在这一时期成为主导产业。可见，服务业的产生和发展与经济发展水平是息息相关的，经济发展的过程反映了服务业发展的一般进程。

经济发展水平较低的时候，社会生产和人们的生活对服务的需求不高，而且是以生活服务业为主。工业革命为新兴服务业的发展提供了技术条件，工业劳动生产率的提高又使一些人从制造业的生产中分离出来；同时，有一些从属于制造业的服务劳动也独立分化出来，形成了运输、通信等专业服务部门。随着市场经济的发展，社会分工越来越细，服务业所涉及的领域越来越多，从长期发展趋势来看，由于生产方式和生活方式的改变，传统服务业的比重逐渐下降；相反，知识、技术密集型的新兴服务行业或为生产者服务的行业所占的比重越来越大。当经济发展的重点从量的扩大转向质的提高后，社会生产部门越来越依赖于技术、知识、信息，服务劳动在经济发展中的作用日益增强。

这一规律揭示了消费者愿意并且能够购买的服务量相对上升趋势。随着时间的推移和生活富裕程度的提高，人们的需求会发生转移，顺应变化、满足人们需求、大力发展服务业已经成为不可逆转的趋势。

二、创新理论

产业的发展与创新密切相关，创新是产业发展的主要动力之一。创新理论最早是由熊彼特（1990）在《经济发展理论》一书中提出的，并在 20 世纪 30 年代和 40 年代相继出版的《经济周期》《资本主义、社会主义和民主》两本书中对创新加以全面、具体的运用和发挥，形成了完善的创新理论体系。他提出"有价值的并不是价格竞争，而是新产品、新技术、新供给来源、新组织类型的竞争"。因此他认为创新是"间断出现的实现生产手段的新组合"，包括新产品的引入（生产创新）、制造现有产品的技术变革（生产技术创新）、开辟新的市场或新的原材料来源及引入新的生产组织形式。他认为经济发展过程的本质是创新的过程。创新与发明有着较大的区别，一项发明是指一种新型的或改进的装置、产品、工艺或系统的想法、草图或模型，这种发明常可以（并不总可以）获得专利权，但并不必然导致技术创新。厄特巴克（Utterback）在《产业创新与技术扩散》中进一步认为，与发明或技术样品相区别，创新就是技术的实际采用或首次应用。熊彼特认为创新有三个特点：创新与科学技术并无必然联系，两者不能等同；创新不局限于大企业，也不一定是大规模的；创新往往被效仿追逐而形成高潮，推动整个经济周期性、波浪式的发展。所以，创新是一个内在因素，经济发展也就是这种来自内部自身创造性的关于经济生活的一种变动，正是这种创新活动打破了原有"循环流转"的均衡，使区位优势较为明显、社会经济基础较好的地区成为创新中心、增长中心，进而形成系统的中心区。创新使中心区的创新成果不断向外扩散，拉动了边缘区的经济增长，进而形成多中心格局。

罗斯威尔（Rothwell）通过对已有的创新研究成果的分析与归纳，提出了五种产业创新模式，即 20 世纪 50 年代至 60 年代中期的技术推动的创新模式，20

世纪 60 年代后期至 70 年代早期的需求拉动模式，20 世纪 70 年代中期至 80 年代早期的相互作用模式或技术与需求耦合作用模式，20 世纪 80 年代中期至 90 年代的整合模式及 20 世纪 90 年代至今的系统整合与网络模式，强调了创新主体之间的联系和创新的系统性和协同性。

三、产业融合理论

产业融合发展是一个新兴而又复杂的经济现象，虽然也取得了较多的研究成果，但目前学者对产业融合的含义还是没有达成一致的看法。产业融合是从"数字融合"这一概念演变而来的，数字融合是指因数字技术而导致的产业之间的交叉现象。以数字融合为基础，格林斯腾（Greensteina）和卡恩纳（Khanna）将产业融合定义为"为了适应产业增长而发生的产业边界的收缩或消失"。植草益将产业融合定义为通过技术革新和放宽限制来降低行业间的壁垒，加强行业企业间的竞争合作关系。产业融合不仅发生在信息通信领域，还广泛地存在于其他领域，因此可以将其定义为：不同产业或同一产业内的不同行业相互渗透、相互交叉，最终融为一体，逐步形成新产业的动态发展过程。

对产业融合比较完整的定义是马健在综合了前人的研究成果的基础上，将产业融合定义为由于技术进步和放松管制，发生在产业边界和交叉处的技术融合，改变了原有产业产品的特征和市场需求，导致产业的企业之间竞争合作关系发生改变，从而导致产业界限的模糊化甚至需重新划分产业（马健，2002）。马健认为产业融合具有以下特征：第一，技术革新是产业融合的前提。第二，产业融合一般发生在产业之间的边界和交叉处，而不是发生在产业内部。第三，发生产业融合的产业，相互之间具有一定程度的产业关联性或技术与产品的替代性。第四，产业融合的结果改变了企业之间的竞争合作关系，从而导致产业界限的模糊化，甚至于重新划分产业界限。

第二节　农业服务业与农业互动发展的趋势研究

一、成因概述

简单地说，产业之间之所以能互动发展，是因为各产业之间除了分工关系，还存在着千丝万缕的合作关系。从产业之间的关系看，在现代社会中，三次产业之间存在着相互依赖、相互制约、互为因果的辩证关系，并不是简单的"先后"关系。一方面，三大产业都为其他产业提供生产资料：农业为食品工业提供加工原料，工业为农业提供农机具；农业为餐饮业提供食品，工业为服务业提供服务设施和能源；服务业为工农业提供科技、信息、运输、金融等多种服务形式的生产资料。另一方面，三大产业都为社会和各产业提供生活资料：现代居民除了消费粮食、衣物、住宅等实物消费品外，也要消费教育、文娱、卫生、交通、通信、旅游、休闲等服务消费品。简言之，第一产业、第二产业为第三产业提供实物形式的消费品和生产资料，第三产业为第一产业、第二产业提供服务形式的消费品和生产资料。根据李冠霖对《1997年中国投入产出表》的计算，我国第一产业、第二产业、第三产业每生产1万元产品，分别直接消耗服务型生产资料531元、960元、1899元；第三产业每生产1万元产品，分别直接消耗农产品、工业品、服务产品177元、2893元、1899元（李冠霖，2002）。这样，在现代国民经济的产业链中，三大产业间存在着互为条件、互为前提的辩证关系。

二、三次产业的互动发展

三次产业的划分并不代表着三次产业彼此之间是相互独立的，事实上，产业之间存在着复杂的相关关系，三次产业之间是互为因果、互为市场的，彼此存在着供求关系，而这种关系的核心和关键就是服务业。为了说明这一问题，我们借用李悦等（2008）对服务业与第一产业、第二产业之间关联的研究成果，见图4-1。他们将第一产业分为四种类型：第一产业（一）是指以种植、畜牧业为主的原始农业，它主要为第二产业乙（一）提供原料和市场，从资源供给方面推动乙类工业的发展；第一产业（二）是指乙类工业发展后，对第一产业原料的需求扩大，从而促进大农业的发展；第一产业（三）是指在甲类工业发展的基础上，以机械化、电气化、化肥化和水利化为技术基础的现代农业；第一产业（四）是指在当代科技发展和服务业崛起的推动下，以农业生物技术为中心，趋于科学化、信息化和自动化的全新农业。第二产业乙（一）是指以农副产品为原料而发展的轻工业；第二产业乙（二）是指以重工业产业为原料的轻工业；第二产业乙（三）是指

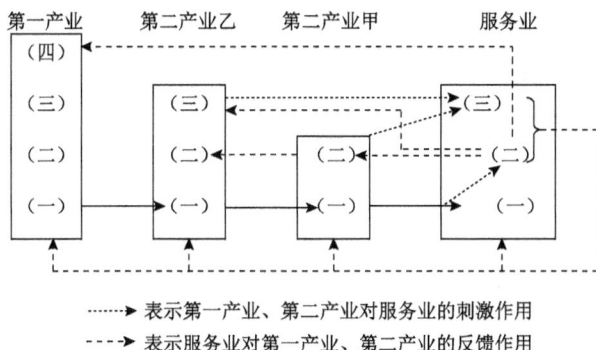

……▶ 表示第一产业、第二产业对服务业的刺激作用
- - -▶ 表示服务业对第一产业、第二产业的反馈作用

图4-1　服务业与第一产业、第二产业之间关联

资料来源：李悦等（2008）

在服务业发展的推动下发展起来的轻工业。第二产业甲（一）是指为农业和轻工业提供技术装备的重工业；第二产业甲（二）是指在服务业发展的推动下，为服务业提供技术装备的重工业。服务业（一）是指为人们生活服务的服务业；服务业（二）是指为生产服务的服务业；服务业（三）是指为组织和协调产业之间的关系、调节国民经济运行服务的服务业。

第三节　农业服务业与农业互动发展的机理研究

农业服务业的发展推进第一产业的发展。作为服务业的重要组成部分，农业服务业对与其紧密相关的产业即农业同样具有促进作用。这不仅是由于其作为一种服务业本身所具有的创新性和融合性，还因为其在互动发展中的重要作用。

一、服务业的创新发展

创新是推动经济增长的直接动力，是提高生产力水平的主要途径。服务业具有自身创新能力强且对其他产业的创新具有带动作用的特点。服务业自身是一个不断发展、深化创新的产业部门，它是一个新兴服务业部门取代正在衰退的产业部门的过程。

Czarnitzki 和 Spielkamp（2003）认为服务业是创新的桥梁，特别是在使用服务的制造业中尤为明显。Miles（2008）详细地论证了服务业的创新模式。他指出，服务活动的多样性意味着服务创新和创新过程的多样化。服务业在产品、市场、组织形式等方面与第一产业和第二产业有明显的差异，所以创新模式也有很大的差异。研究表明对于技术和知识密集的服务组织来说，它的创新行为与高技术的生产企业极为相似。以专业知识和大规模网络服务为基础的服务组织的创新模式与小服务业企业依然以供应商为驱策的创新模式截然不同。事实上，只占很小比例的服务创新与典型的生产企业的模式一致，这种创新一般是由正式的研发部门和生产管理部门组织和领导的。他还指出服务组织形式、创新政策和服务管理与培训都是服务业创新的重要领域。

国内的学者对于服务业创新的研究并不多见，陈新平（2008）利用依斯莫经济大学服务供应链模型进行研究，并将其应用到信息服务行业。其研究的结果有利于服务行业的研究，并且有利于推进信息服务行业的研究。

一般地，知识密集服务更具创新性，知识越密集，创新密度越大。其中计算机等商务服务、金融中介服务的创新密度最高，分别超过 60%和 50%；批发与零售贸易、交通与通信业分别略低于 40%、30%，为两个创新性最小的服务行业，低于制造业的整体平均创新密度（约 50%）。计算机服务部门的小型企业与大型企业一样，都具有很强的创新性。

二、服务业的融合发展

技术的进步也为产业间的融合创造了条件，而高新技术与服务业的不断融合推动了服务业与其他产业的融合发展。技术进步导致了工业内部结构变化，同样对服务业内部结构也产生了巨大影响。服务业整体由于技术进步的作用，产生了新的业态和变化，出现了附加值明显高于传统服务业的新兴知识密集型服务业，这些新兴种类进一步提高了服务业在国民经济中的地位。

对于服务业来说，随着社会分工的细化、深化和社会服务需求不断积累和增加，各种服务业从第一产业、第二产业中游离出来，向独立化、自动化、标准化方向发展，导致不断产生新的服务行业，并逐渐产生了与其他产业融合发展的趋势。

三次产业之间的功能互补和延伸实现了产业间的融合发展。农业产业化过程的加快，使得农业与第二产业、服务业出现了加速渗透融合的趋势。这一趋势主要表现在农业生产、加工、销售、服务一体化，即以市场为导向，通过区域化布局、专业化生产、一体化经营、社会化服务和规范化管理，形成完善的市场化农业生产经营体系。第二产业与服务业之间也出现了相互融合的势头，特别是与生产过程相关的生产性服务业，通过生产前期的研究、生产中期的设计和生产后期的信息反馈等环节，直接作用于第二产业的生产流程。其中，服务业与第二产业的融合发展最引人注目。

产业融合现象的出现给服务业发展带来了新的机遇。在服务业与其他产业融合发展的趋势之下产生的业务服务化，对于环境保护和可持续发展都具有重要的意义。White 等（1999）也提出了类似的观点，认为服务化能够带来环境收益。产业融合使某些原本相互独立的产品被整合起来，并将导致不同的行业部门在不同层面上的综合或结合；产业融合加大了大型公司在某一行业的主导权地位；同时，产业融合使得原来独立的、非竞争的行业开始同台竞争，使某些行业的竞争更加激烈。产业融合不是在原有框架下对原本各自独立的部门进行简单整合，而是在相互渗透、影响中形成一个容纳不同部门的新框架。在产业融合中，一方面服务业通过与其他产业的融合进一步加强自己在社会经济生活中的地位；另一方面服务业自身的竞争力也在增强，传统的服务业也被赋予了新的内容。此外，产业融合还能通过改进服务质量、改变服务方式及提供巨大的增值机会等途径，增强企业的竞争力和提高顾客的满意度。

三、互动发展中服务业的地位和作用

服务业与其他产业的关联性很强，可以通过向其他产业提供知识技术密集型的中间投入，以提高其他产业的生产效率，进而促进产业结构的优化升级。图 4-1 非常清楚地表明了服务业与第一产业、第二产业及其内部各层次之间存在着刺激与反馈的相互作用关系，这种相互的作用关系本身就表明了发展服务业对促进产业结构优化具有重要的意义。社会生产的发展首先起始于第一产业，在第一产业发展的基础上产生和发展了第二产业，同样，也在第一产业、第二产业发展的基础上有了服务业的产生和发展。目前，服务经济时代已经来临，这表明了服务业在现今经济生活中占据主导地位，同时也表明了服务业已经成了优化产业结构的主渠道。

四、农业服务业的发展推进农业的发展

农业服务业是围绕农产品生产和经营各个环节的需要，提供物质、资金、劳务、技术等服务的产业，包括物资供应、生产服务、技术服务、信息服务、金融服务、保险服务及农产品的运输、加工、储藏、销售等各种服务。发展农业服务业是农业产业化发展的需要，围绕农业再生产的各个环节，形成有机结合、相互补充的组织体系，为农业提供综合配套的服务，实现农业生产经营活动的科学高效。

基于以上的分析可知，在三次产业互动发展的过程中，服务业起着至关重要的作用。它不仅通过发挥黏合剂的作用，使产业之间的关联更加紧密，更通过创新发展，提升和促进相关产业的发展。在目前的研究中，关于生产性服务业对工业尤其是装备制造业促进作用的研究最多。农业服务业作为与第一产业紧密相连的服务业，也具有相同的功能和作用，它的发展对农业的发展具有促进作用当然也不例外。

下面我们举例说明。根据第一产业结构变化的规律可以知道，种植业是基础，因为只有在种植业发展的基础上，才会有其他产业的发展，而只有其他产业发展壮大了，才能说明第一产业的结构是比较优化的。我们以美国，这个种植业和相关农业服务业都非常发达的国度为例来说明农业服务业是怎样推动种植业发展，进而推进第一产业结构升级的。在美国，两三个人就能管理一个大农场，他们是怎样做得到的呢？每年播种前，期货公司的人会根据行情与农场主谈好粮食收购价，期货公司拿着合同便可到银行抵押获得银行担保书。到了播种时，期货公司给种子公司打个电话，种子公司就会派来播种的飞机，播完后让农户签单。施肥、锄草、灭虫的时候都是这样。到了收割的时候，收割公司来帮农户收割，收完后直接交给期货公司。然后，期货公司根据农户的签单，扣除农户欠的种子、肥料、农药、除草剂的款项，把剩下的款项打到农户的账户。所以，整个过程几乎不涉及农民，都是专业工人在操作。最重要的是，因为提供专业化的服务，成本大大

降低。也就是说，是这个社会共同完成了高效的农业生产。美国这种种植成本下降、种植质量提高、风险由参与者共担、流动资金平均分担、交易环节减少的种植模式实现的关键就是提供专业化的服务。这是通过发展农业服务业来促进和提升农业发展和效率的一个典型的例证。

第五章 现代农业服务业与绿色食品产业发展关系研究

第一节 绿色食品产业以标准化体系推动现代农业服务业发展

绿色食品产业作为现代农业的重要组成部分，从其生产到最后的销售都有相应的规定，需要相应的农业服务业作为支撑。

一、绿色食品标准

绿色食品标准是指应该用科学技术原理，结合绿色食品生产实践，借鉴国内外相关标准所制定的，在绿色食品生产中必须遵守，在绿色食品质量认证时必须依据的技术性文件。

绿色食品标准为推荐性农业行业标准，但对绿色食品生产企业来说是强制性的，必须严格执行。

绿色食品标准体系是对绿色食品实行全程质量控制的一系列标准的总称，它包括绿色食品产地环境标准、绿色食品生产技术标准、绿色食品生产资料使用标准、绿色食品产品标准和绿色食品包装、储存、运输标准等。

农业部从 1995 年开始发布绿色食品第一版标准以来，一直致力于绿色食品标准的建立和修订。根据中国绿色食品发展中心官网的信息，截至 2020 年 1 月，中国现行有效的绿色食品标准共 174 项，其中 2017 年一年实施的绿色食品标准就有 34 项，是近年来实施最多的一年。

二、绿色食品产地环境标准

环境是人类生存和发展的基础，又是人类经济活动的载体。中国绿色食品的开发工作遵循可持续发展的原则，以全程质量控制为基本指导思想，其目的是通过生产绿色食品，提高食品质量与安全，保护和改善自然资源和生态环境；通过消费绿色食品，促进人们的身体健康，以达到为国民经济和社会可持续发展赋予新的内涵，创造新的增长点的目的。因此，规范绿色食品产地环境质量调查、检测、评价的主要内容和方法，指导生产单位加强对产地环境的保护，是绿色食品生产和管理中的一个非常关键的环节。

绿色食品产地环境技术条件包括大气环境质量标准，农田灌溉、养殖用水水质量标准和土壤环境质量标准。

三、绿色食品生产技术标准

绿色食品生产包括农作物种植、畜禽饲养、水产养殖等初级农产品生产和以初级农产品为原料的食品加工。绿色食品生产技术标准就是依据生产资料使用准则，按作物种类、禽畜种类和不同农业区域的生产特性分别制定初级农产品的种养技术操作规程和食品加工操作规程。绿色食品生产技术标准是绿色食品标准体系的核心，是确保绿色食品质量的主要措施。

四、绿色食品生产资料标准

绿色食品生产资料标准是对生产绿色食品过程中物质投入的一个原则性规定，它包括农药、肥料、兽药、水产养殖用药使用准则，饲料、食品添加剂和饲料添加剂的使用准则。在这些准则中，对允许、限制和禁止使用的物质及其使用方法、使用剂量、使用次数、休药期等做出了明确规定。准则是绿色食品生产、认证、监督检查的主要依据，也是绿色食品质量信誉的保证。

五、绿色食品产品标准

绿色食品产品标准是衡量产品质量的最终尺度，也反映绿色食品的生产、管理及质量控制的水平。绿色食品产品标准制定的依据是在国家标准的基础上，参照国外先进标准或国际标准。在检测项目和指标上，严于国家标准；对严于国家执行标准的项目及其指标值都有文献性的科学依据或理论指导。

第二节　现代农业服务业对绿色食品产业发展的促进研究

绿色食品产业严格的标准要求，需要相应的服务，反过来讲，现代农业服务业发展越精深、越专业化，越能促进绿色食品产业的发展。下面我们从标准竞争的角度来探讨这一问题。

一、标准竞争研究的背景和意义

技术标准既是社会生产力发展的必然结果，也是生产力进一步发展的要求。

18 世纪工业革命之后，标准已经成为国民经济和社会发展的重要技术基础，是生产社会化、技术现代化、组织集约化的重要依托，成为加强科学管理、提高产品质量、增强企业竞争力的重要保证。随着经济全球化进程的加速，标准逐渐成为组织国际分工、维护国家利益、取得国家竞争优势的重要工具。

（一）标准提高社会效率的经济机理

标准的本质是一种规范，是一种人为的约束，标准限制了多样化的选择和行动的自由。但是，这种约束是有利于发展的约束，是提高社会效率的约束。具体来说，标准通过以下四个途径提高社会效率。

1. 这种制度约束降低了交易成本，提高了市场效率

市场交易成本包括信息收集成本、谈判成本、违约诉讼成本等。标准明确了市场契约的质量参数，成为组织生产、交货、验收、仲裁诉讼的技术依据。标准降低了交易成本，扩大了市场规模，进一步促进分工和竞争，提高了市场效率。

2. 这种制度约束有利于推广科技成果、提高生产效率

标准化是科技与生产的桥梁。任何一项科技成果，不管是新产品、新工艺还是新材料，只有当它被纳入标准，贯彻到生产实践中去时，才会得以迅速推广和应用，充分发挥提高生产技术效率的作用。

3. 这种制度约束是市场经济有序化发展的技术基础

它是市场准入规制和退出规制的依据，是政府对市场经济进行微观规制的重要手段，其目的是防止因生产和分配的负外部性、垄断、信息不完全导致的市场失灵，以构建公开、公平、公正的市场环境。

4. 这种制度约束扩大了使用兼容技术规范的用户规模，提高了网络效用

采用相同标准生产或消费的各个个体之间的联系构成了一个网络。随着使用相同产品、可兼容产品用户数量的不断增长，通过直接网络效应和间接网络效应，提高了所有用户的效用水平，增大了消费者剩余。

（二）标准竞争的战略意义

技术创新和经济全球化构成了当代世界经济的两大主题。由于技术的多样性、复杂性、多变性及经济全球化等多重影响，今天的技术标准已经不仅限于统一货币、度量衡等一类降低交易成本的统一技术规范，也不限于产业质量标准等减少信息不对称的强制性国家标准。技术标准不仅是一种竞争手段，而且已经成为市场竞争对象，成为决定一个企业或者企业集团生死存亡，乃至一个地区、一个国家兴衰的重大问题。标准既是产业存在的技术方案，也是一种产业和经济秩序；既是提高效率

的手段，也是利益分配的工具。从某种意义上说，得标准者得天下。

标准对内可以促进产业分工和贸易的发展，对外意味着技术壁垒和产业壁垒。随着标准时代的到来，发达国家竞争战略重心纷纷从技术战略转移到标准战略，从技术立国转换到标准立国。多年来，以英国、法国、德国为主的西欧国家和美国，一直将很多精力和时间放在国际和区域标准化活动上，企图长期控制国际标准化的技术大权，不遗余力地把本国标准变成国际标准。

技术标准竞争是高层次的技术竞争。首先，一般层次的技术，仅仅影响产品某方面的特性，提高了技术拥有者产品差异化能力，提高了厂商在某个细分市场中的市场力量；与之相对应，标准决定了一个甚至几个相关产业产品差异化状态，成为控制产业链条、遏制竞争对手的重要工具。其次，竞争对手可以通过逆向工程法破解或者绕过某项技术，进入市场，降低技术控制者的市场势力；标准往往是一系列技术的组合，采用一个标准就必须采用标准涉及的全部专利，即使破获了其中多项技术，也不能绕过该标准。最后，一个技术标准往往能决定一个行业的技术路线，它所形成的技术思想，不但能够形成成千上万项专利技术，而且影响相关产业，使后来者只得沿着这条技术路线走下去。技术标准控制者可以获得长期、持久的经济利益。

技术标准作为一种生产要素，必然要求参与收入分配，成为组织国际分工和国际收入分配的工具。实施技术标准战略，将技术标准作为市场竞争的有力武器，无论是谋求行业领域的技术垄断，还是控制市场的竞争格局，都具有十分重要的意义。首先，国家标准可以成为保护国内市场的一种技术壁垒，国际标准也可以是一种打破其他国家技术壁垒的武器。随着经济全球化和贸易自由化，政府依靠行政干预直接参与市场竞争的模式已不再适用。在逐步消除关税壁垒的环境下，政府制定的各种有利于本国经贸活动的技术标准就成了保护本国经济、市场和企业的一种合法而有效的手段。

其次，技术标准是推进专利技术垄断市场的有效工具。标准是知识产权战略的高级形式，是打包整体出售自己专有技术的高级方式。对技术和标准的垄断也就意味着对市场的垄断和对产业的控制。如果将具有专利的核心技术或独有技术设置为国家标准或国际标准，企业在市场竞争中将处于主导地位。如果竞争对手遵守标准，就需要购买专利、技术，支付专利、技术许可费，或者花更多的时间和费用去研究新的技术来绕开专利保护权属范围，在时间或成本上自然就会落后。标准使得先发企业的竞争优势更加明显，后发企业的成长空间更加狭小、成长过程更加艰难。

再次，标准限制了技术进步的方向，在相当长的时间内控制着产业发展方向。谁掌握了标准的制定权、谁的专利成为标准，谁就掌握了高新技术产业竞争的制高点和市场的主动权。面对这种标准规则，来自后发国家的新企业，要想进入这一行业就必须接受国际寡头所制定的技术标准，受制于标准控制者施加的控制，被束缚在国际分工的低技术链条和附属地位上。

最后，不同的产业在国家之间的分工和积聚体现了国家竞争优势。标准制定过程就是一个瓜分市场、分配利益的过程。标准设定带来新兴的产业机会，为国际经贸谈判添加砝码。

二、标准竞争的起源及发展

（一）标准竞争是市场竞争的高级形式

在工业化初级阶段，社会生产力极大提高，产品日益丰富，市场供给迅速增加，买方市场逐渐形成，降价销售成了常用的手段和主要的竞争形式，降低成本成为企业经营的主要目标。不过降价很容易引发价格战，导致两败俱伤的结局，而且不断削减成本总会遭遇难以逾越的市场和技术障碍。

在服务经济时代，非价格竞争是摆脱价格战恶性循环的有效手段，品牌竞争逐渐取代价格竞争，成为主要的竞争形式。通过服务于细分市场、推广品牌形象，赋予产品或企业独特的个性和文化内涵，企业不仅可以避免同质产品陷入价格战，由此还可以获得品牌溢价。

在知识竞争时代，技术创新和经济全球化构成当代世界经济的两大主题，国家之间的竞争，正逐步由劳动力、资本竞争转移到以技术标准为主的竞争。无论是大规模的制造业、新经济行业，还是商业服务领域，竞争优势正在从价格、品牌向标准不断演进。由于技术的多样性、复杂性、多变性及经济全球化等多种原因，技术创新的商业利益更多地取决于企业所开发的将专有技术提升为事实标准或正式标准的能力。谁制定的标准为业界所公认，谁就控制了国际游戏规则，谁就能获得巨大的商业利益。

在标准竞争过程中，市场可能同时进行着价格竞争、品牌竞争，只是它们处于不同的层次。价格和品牌优势有助于赢得标准竞争，标准竞争的胜利巩固了品牌优势，提高了抵御价格竞争的能力。但是竞争中失败的标准，就失去了价格和品牌的竞争力。首先，市场占有率下降。标准竞争失败，本身就意味着企业知名度、美誉度下降，不仅本领域的品牌价值迅速贬值，而且可能损伤该品牌在其他领域的品牌美誉度。其次，最低质量标准是一项基本的市场准入制度。如果产品不能满足该标准，产品不能进入市场进行销售，价格和品牌优势便失去了参与市场竞争的机会。

（二）标准竞争时代的到来

当代竞争中，技术标准已经成为决定一个企业或者企业集团生死存亡，乃至一个地区、一个国家兴衰的重大问题。2000 年美国联邦标准局局长甚至说：与其说 21 世纪是信息时代，不如说 21 世纪是标准时代。

1. 竞争范围：以高新技术产业为主，全面覆盖所有行业

在传统大规模工业化生产时期，一般是先有产品后有标准，设立技术标准的主要目的是保证产品质量、经济及互换和通用性。在知识经济时代，往往是标准先行。技术标准逐渐成为专利技术追求的最高体现形式，成为企业特别是高技术企业竞争的制高点。例如，互联网应用之前就先有了 IP（internet protocol，国际互联协议），高清晰度彩色电视和第三代移动通信尚未商业化，标准之战就已经开始。

在一些领域，行业标准大战正在激烈的进行之中。ITU（International Telecommunication Union，国际电信联盟）曾试图选择一个全球性的第三代移动通信标准。由于无法协调标准化参与方之间的利益，最终在无线传输标准（radio transmission technology，RTT）方面确定了三种技术方案作为行业的候选标准。而在另外的一些领域，行业标准大战已经结束。

2. 竞争主体：企业竞争与国家竞争

任何一个行业标准大战都直接表现为企业层面上的竞争，竞争的直接主体是技术的发起者或者产品的生产商，竞争首先在这些主体之间展开。例如，Internet Explorer 与 Navigator 浏览器大战，竞争是在微软公司与 Netscape 公司之间展开的。由于垄断或者寡头厂商地域呈非均匀分布，企业层面上的竞争导致国家、地区利益的不平衡，引起国家、地区层面的竞争。

以推广标准的方式提高核心竞争力，依靠先进的技术标准来强化行业领导地位，已经成为许多跨国公司的战略抉择。微软公司比尔·盖茨曾说过：只有标准化，才能使软、硬件的通用资源的共享成为现实。谁建立了标准，谁就拥有了取之不尽的聚宝盆，正所谓一流企业做标准，二流企业做技术，三流企业做产品。

那种只注重技术创新而忽视标准竞争的厂商，即便是自己的技术比对手好，在标准竞争的时代也很难因此取得竞争优势。与 IBM（International Business Machines）公司竞争 PC（personal computer，个人计算机）市场的苹果公司就是一个例子。从这个意义上说，企业的任何一次技术创新，都应看作是一次升级，创新的唯一目的应该是谋求标准提供者地位。

标准竞争必然是寡头垄断厂商之间的竞争，成功者与失败者在全球的地理分布必然是非均匀的。政府常常对本国、本地区的技术标准给予大力支持，希望本国、本地区的技术和标准能够成为国际标准、国家标准。这时标准大战超越了企业层面，扩展到国家、地区层面，国家、地区政府成为竞争的第二主体。

3. 标准竞争场所：技术研究室、市场、政府、法庭、国际组织

技术先进是成为市场标准的基本条件。人们最初制定标准的目的，就是要实

现最优秩序。1991 年 ISO/IEC（International Organization for Standardization/International Electro Technical Commission）联合发布的第二号指南《标准化与相关活动的基本术语及其定义》第六版指出，"标准是由一个公认的机构制定和批准的文件。它对活动或活动的结果规定了规则、导则或特性值，供共同和重复使用，以实现在预定领域内最佳秩序的效益"。为了获取标准创新带来的利益，除了技术要先进、产品要优良，还需要有市场的保障。优异的技术可能还需要市场、政府、制造、设计和人才等方面的有利因素，才能成为市场标准。不同国家和企业的综合实力决定了其在技术标准中的地位。

（三）对标准竞争的解析

标准竞争的本质仍旧是利益竞争，标准胜利者与失败者之间、市场标准控制者与追随者之间的巨大利益差别是标准竞争的内在因由。

尽管一个共同的标准有利于整个产业，单个厂商的利润差异意味着厂商之间可能存在着冲突。如果赢家预期率先行动的先发优势能够带来更大的利益，两个或者更多的厂商就会力求成为领导者，竞争随之展开。一般来说，只有在采用外部标准才能避免标准竞争、其他厂商同意使用共同标准的情况下，厂商才会采用外部标准。

在标准竞争中，胜利者和失败者的界限可能十分清楚，标准竞争往往十分激烈。正确选择市场标准的厂商，正不断强化它们的竞争优势；而选择了错误技术规范的厂商，可能最终不得不退出市场或者支付转换成本。为了分散风险、提高实力、争夺竞争资源，许多厂商往往组建标准联盟，展开联盟之间的竞争。标准竞争的胜利和失败往往不是个别厂商的胜利和失败，而是标准联盟的胜利和失败，不仅包括个体标准的制定者、控制者、推广者，也包括大量标准产品的生产厂商、服务厂商和广大用户。因此标准竞争的失败，意味着一大批相关厂商的失败、国家或地区产业链条的失败。

（四）标准竞争过程中的先发优势和后发优势

由于网络外部性和跨期消费，代际标准竞争既可能出现过度惯性，也可能出现过度动量。前者意味着旧标准锁定了市场，市场不能采用提高社会福利的新标准，率先进入市场的标准在竞争中获得了先发优势。后者指市场过早地、过快地采用新标准，标准更新速度超过了社会最优水平，标准竞争中新标准取得了后发优势。

Arthur（1989）模型化了先发标准锁定效应，认为标准竞争呈现出不可预测性和不可偏转、路径依赖等特点。

第一，均衡的不可预测性。竞争早期阶段发生的小概率事件，可能改变竞争的结果。报酬递增可能导致多重均衡，究竟哪种结果能被选中是不可预测的。

第二，不可偏转。市场是否选择某种技术，依赖于竞争过程中这种标准的扩散历史。如果没有抵消报酬递增的重要因素，时间不再是中性的，早期的购买行为会对以后的市场产生永久性影响，推广某种技术的时间先后顺序可能成为技术市场成败的关键。市场早期的一些偶然事件能够导致某种技术成为市场标准，并长期维持市场标准地位。

第三，潜在的路径依赖。就社会福利而言，动态演进的路径很可能并非最优，而是劣等的。报酬递增会导致正反馈，经济中出现了多个均衡点，没有一个机制可以保证市场从诸多结果中挑选出来的结果一定是最优结果。偶然的小事件可能最终决定谁会较早地卖出商品，这些小的随机事件可以逐步积累，经正反馈效应扩大，最终决定结果。因此，Arthur 等认为，竞争结果依赖于初始条件，先发制人即抢在对手的前面使消费者和互补厂商进入锁定，建立临界安装容量，获得先行者优势，是赢得标准竞争的关键。然而，提前进入市场也面临多方面的风险，如需求的不确定性、技术革新等。

Farrell 和 Saloner（1985）最早从理论上说明技术标准转换过程中既可能出现过度惯性，也可能出现过度动量。不过该文中过度动量仅仅存在于一种特殊的市场环境：率先采用新技术的厂商没有被搁置的危险，其他厂商才会必然追随并采用新技术，否则，被搁置的风险往往会阻碍市场采用新技术。

Farrell 和 Saloner（1986）模型中大大增强了市场出现过度动量的可能性。较大的单独效用、较大的网络效用系数有利于新技术标准取代旧标准。相比于市场已有技术产品，当新标准产品的单独效用较大而网络系数较小时，新用户将采用新标准，从而终止了旧标准产品网络的增长势头，降低了旧标准采用者的福利水平。新产品预告进一步加剧了过度动量，而掠夺性定价则加剧了过度惯性。

Katz 和 Shapiro（1986）明确提出标准竞争中存在先发优势和后发优势，技术标准的所有权状态和消费者分布改变了先发标准或者后发标准的竞争优势。如果两种技术标准都没有所有权，那么第一阶段的优势技术具有先发优势，第一阶段的成本优势建立起来的安装基础，可能会克服第二阶段的成本劣势，赢得两个阶段的所有消费者。如果两种技术标准都受到产权保护，那么后发优势出现。此外，更多消费者偏好的技术标准更容易成为市场标准，即使标准化降低了社会福利水平。第一阶段进入市场的消费者较多时，市场产生先发优势；否则，市场产生后发优势。Katz 和 Shapiro 正式引入技术进步因素，研究新标准取代旧标准的时机。新、旧标准不兼容时，市场标准更新的时机早于社会最优时点，因为新标准的推广者忽略了使用旧标准的厂商和消费者的损失。因此，与人们的直觉相反，网络效应不仅没有阻碍技术进步，反而刺激了过度的技术更新。进一步地，如果潜在的用户规模相对于安装容量而言足够大时，新标准倾向于不兼容，不兼容即标准竞争扩大了后发优势。

谢伊（2002）引入持续的技术进步，研究技术进步速度与市场标准更新速度的关系。假定研究开发可以持续不断地提高技术水平，如果新标准不能市场化，那么标准更新速度就滞后于技术进步速度。由于网络效应，潜在消费者购买旧标准产品得到较低的单独效用，却获得了较高的网络效用。因此，网络效应降低了市场标准更新速度。每一项技术的持续时间随每一代消费者的人口数的增长而增加，随技术增长参数的减少而缩短。新技术的采用频率随每一代消费者的人口数的增长而降低，随技术增长参数的增长而降低。如果人口的增长增加了技术持续时间、降低了新技术采用频率，那么我们说存在着锁定效应。向后兼容是新标准克服安装基础劣势的有效办法，完全兼容时新标准总是可以取代旧标准，技术进步速度等于市场标准更新速度。

（五）标准竞争兴起的原因

企业外部环境的变化，是当代社会标准竞争大规模兴起的主要原因。概略地来看，当代社会兴起标准竞争的外部环境因素大致可以被归纳为技术变革、竞争尤其是全球竞争、公共政策变化和消费趋势四个方面。

1. 技术原因

纵观标准化的历史可以发现，每一次标准化发展的黄金时期无不伴随着重大技术突破和经济的飞速发展。反过来标准化活动又极大地促进了生产率的不断提高，产业社会逐步走向成熟。近些年来，随着国际贸易和科技文化交流活动的不断扩大，以现代信息、通信、生物、海洋等领域为代表的高新技术不断涌现、迅猛发展，由此产生了许多不同个体标准之间的竞争。

第一，技术革新常常引起标准问题，标准竞争、标准更新成为技术变革的结果。一般来说，新技术意味着新标准、新技术带来了新旧标准之间的竞争或者兼容问题。特别是在当代，快速的技术进步和频繁的技术革新，大大增加了市场同时出现具有相同基本功能的不同技术标准的可能性。第二，标准化技术复杂化、组合化的必然要求。产品组合形成的系统产品往往具有许多新的、优越的功能，后者对各个部件产品之间的连接性提出了要求。技术发展的大型化、融合化、累积化、复杂化趋势，往往使得单个企业无力独立、及时地完成技术开发的任务，需要多个企业协同技术开发，从而使得相关技术一致性、兼容性问题越发突出。

另外，技术进步也可能削弱标准竞争，技术进步成为打破标准垄断的有效手段。不同标准之间转换技术的发展，使得不同的标准可以维持共存的市场格局。

例如，随着通用胶片的出现，摄影用冲印设备之间的竞争被削弱了。

2. 竞争和全球化的影响

国际竞争呼唤国际标准。首先，伴随经济全球化的迅猛发展而来的生产、消费全球化，使得国际标准的需求日益增长。采用国际标准，或者说是标准的国际化或标准的国际趋同，已成为产业发展的普遍趋势。例如，保护地球环境要求所有国家承担保护地球环境的责任，其中一个重要手段就是遵守共同的环境标准如ISO 14000 系列标准。ISO 14000 系列标准涉及产品设计、生产等方面的许多环境保护问题。其次，从一国标准提升为国际标准极大地扩大了市场范围，提升了企业利润空间。再次，伴随着经济全球化，各个国家间不同的技术标准成为国际贸易摩擦的重要原因，一些国家也积极利用技术标准构筑技术壁垒保护本国产业、加强民族产业国际竞争力。国际标准成为打破各国标准壁垒的重要手段。此外，其他国家先进的工艺标准、管理标准成为企业提高竞争力的动力和手段。最后，企业推行零部件外包战略，这必然引起外购件与自制品之间的技术一致性问题。

3. 公共政策的影响

20 世纪 70 年代以来，随着放松规制、放松反垄断法、市场开放、强化产业竞争力政策、知识产权法规的实施，公共政策为厂商参与标准竞争提供了广阔空间和政策保障。

为了实现环境健康、安全的社会性规制目标，政府和非政府组织制定、颁布了一些强制性、推荐性产品标准，贸易、投资自由化要求各国协调各自的技术规范，采用统一的国际标准。放松规制、放松反垄断法有利于减少准垄断的诉讼，提高标准竞争的收益，降低标准竞争成本。因此，各国制定国际标准化政策，鼓励本国企业通过战略性国际标准化活动，从产业技术上影响世界市场，强化本国产业竞争力。

4. 消费趋势影响

随着人们收入水平的上升，消费偏好朝着高度化、个性化方向发展，自我组装、自我服务成为一种消费趋势。为了适应消费潮流，满足消费者自我服务的要求，许多产品被设计成系统产品。消费者可以分别购买一些独立组件和配件，自我组合、安装。这样就要求应标准化各部件、配件之间的接口，使其具有一致性。

综上所述，标准竞争是指经济体为获得市场标准地位发生的、两种或两种以上个体标准之间的争夺。个体可能是国家、国家联盟、企业、企业联盟或者非营利组织。企业标准竞争意味着几个企业之间发生的力图使各自的企业标准上升为行业标准、地区标准、国家标准、国际标准的努力。

三、我国参与标准竞争的重要意义

（一）我国参与标准竞争的现实意义

技术标准已经成为当代世界产业分工的基本组织制度。在技术标准制度的主导下，世界经济正在出现新一轮的国际大分工，这种分工使得发达国家进一步成为提供技术标准和专利的主体国家，广大的发展中国家成为利用知识、技术标准的生产加工车间。

发达国家和垄断企业利用国家标准战略、企业标准战略、国际标准组织和规则，将知识产权和标准体系糅合在一起，制定有利于自己的标准体系，维护有利于自己的标准秩序，占据了高科技各个产业的发言权。发达国家和垄断企业希望和迫使后发国家及其企业遵从自己建立的标准体系和标准秩序。标准制定的单边主义是标准秩序的旧全球主义的表现，旧全球主义通过国际标准组织和规则、市场势力、政府谈判和知识霸权等种种手段强化自己的全球垄断地位，打击标准秩序中的竞争者，压抑和损害公共利益。后发国家及其企业建立相应的标准，是打破国际标准垄断的最好方式，也是建立新全球主义的标准秩序的基础和关键。后发国家参与标准制定，既符合全球公共利益，也符合国家利益；既符合经济利益，也符合政治利益。

从全球范围的国际分工角度来看，我国企业大多处于基础产业和组装工序。由于几乎所有标准都掌握在国外厂商手中，长期以来我国企业只能被动地顺应技术和市场的变化，在夹缝中生存。发达国家和垄断企业通过反倾销、专利税和要求绕道现有技术的做法，阻击中国本土企业产品在全球范围的销售，增加了中国企业全球化的难度，使得本土企业"中国制造"的低成本优势几乎荡然无存。

标准竞争对于我国绝大多数企业而言还是一个全新的挑战。必须从观念上认识到，标准竞争是一个战略性的问题，决不能将之等同于一般的技术性问题。标准决策关系到企业的生死存亡，它远远超出了企业技术部门、一个企业的界限，也超越了政府标准管理部门的界限，属于跨行业、跨国界的问题。标准竞争要求政府管理部门、企业经营者高瞻远瞩，从长远的、宏观的和战略性的高度来面对这一问题。

标准竞争极大地缩短和降低了产业国际化的时间和成本，为落后国家赶超国际先进水平提供了难得的机遇。在技术标准竞争中，中国面临着两个方面的基本问题。第一，是否采用国际技术标准，其涉及国际贸易壁垒、国内市场保护和产业内国际分工合作等利益分配问题和国际标准识别、应用范围、国家标准、标准特许费率和产品特色等应用性问题。第二，是否制定国际标准，其涉及基本技术选择、角色定位、合作伙伴关系及策略性行为等许多具体问题。解决这些问题，离不开对技术标准的本质、标准竞争的本质、竞争的规律和竞争手段的理性认识，离不开科研机构、企业、政府之间及其内部的合作。

（二）我国实施标准竞争战略面临的机遇与挑战

与一些发达国家相比，我国总体科技水平仍比较落后，即使在相对领先的领域，中国技术产品也面临强大的竞争对手。

中国标准在国际竞争中处于后发技术标准的位置，既面临旧市场标准的阻击，还要迎接国际新技术标准的挑战。后发标准的基本优势在于技术进步，然而技术优势不能保证新标准可以取代旧标准。要把新技术标准的技术优势转化为市场优势，还需要适宜的市场环境。在一个新用户增长缓慢、老用户产品更新缓慢、高转换成本的市场上，具有一定技术优势的新技术往往难以取代旧技术，难以实现市场化。由于技术领先、科技基础扎实、品牌知名度高、支持服务体系完善，发达国家在标准开发和标准推广中抢占了先机。再加上在国际标准组织中的领导地位，发达国家在制定和推广国际标准活动中占有明显优势。相应地，不论是通过市场竞争机制还是通过国际合作机制产生国际标准，发展中国家都处于不利地位。例如，中国无线局域网鉴别和保密基础结构（wireless LAN authentication and privacy infrastructure，WAPI）标准，在标准的国际、国内推广过程中备受外国政府和国际组织的阻拦。

发达国家的标准竞争优势削弱了发展中国家企业在国内和国际市场上的竞争力。在一般的技术和产品竞争中，发展中国家也可能处于劣势。然而，网络效应进一步扩大了优势厂商与劣势厂商之间的差距，标准竞争往往形成寡头竞争或者完全垄断的市场格局，处于劣势的发展中国家企业可能丧失了成本优势、本地化优势，完全失去了在国内、国际市场上的竞争力，沦为国际标准控制者的制造工厂，失去了公司治理的独立性和自主权。

发达国家的标准竞争优势削弱了发展中国家保护国内市场政策的可能性。推广与国际标准不兼容的国内自主知识产权标准，在保护国内厂商的同时，也可能极大地减少国内消费者的消费者剩余。社会福利最大化可能要求发展中国家放弃保护国内市场的常用办法，开放国内市场、采用国外标准。

发达国家的标准垄断扩大了发达国家与发展中国家的收入差距。发达国家的标准垄断还可能打断发展中国家的产业链条，迫使发展中国家进一步融入旧的国际分工体系中，沦为发达国家产业链条上的附属环节。

总之，在标准竞争中，发达国家拥有竞争优势，容易形成标准垄断。发达国家的标准垄断强化了旧的国际分工关系，恶化了国际收入分配关系。

但是，标准竞争也为发展中国家打破恶性循环、实现跳跃式发展提供了机会。由于技术创新和标准市场推广过程中存在偶然性，发展中国家可能获得某一个技术领域的竞争优势：在正反馈作用下，发展中国家标准可能迅速赢得国际市场，成为国际市场标准；相应地，发展中国家的企业可能迅速成为国际知名跨国企业，在较短的时间内完成传统经济转型本应经历的漫长过程。

（三）我国标准的后发劣势分析

中国标准在国内市场上面临多方面的劣势。

1. 旧标准安装基础的阻力

先发标准的安装基础从两个方面阻碍市场采用新标准。第一，安装基础是老用户对先发标准的可置信承诺，在一定程度上迫使新用户跟随、采用先发标准。如果在产品使用寿命到期之前更换技术选择，已经购买了先发标准产品的老用户必须承担新的购买成本，即使新用户购买后发标准产品，老用户也可能不会迅速抛弃先发标准产品、重新购买后发标准产品，因此购买行为就成为一种可置信承诺。面对先发标准的安装基础，新用户购买后发标准产品，就必然失去了老用户的网络效用。第二，相比于未来网络规模，顾客可以可靠地、准确地估计现有用户规模。标准竞争集中于耐用品领域，这些耐用品对用户的价值取决于使用期间该标准产品的用户数量，包括已有用户数量和未来用户数量。通过多种计量手段，客户可以观测到已有用户数量；通过试用，客户可以体会到已有用户的网络效用；为了获得更大的网络效用、避免被后发标准淘汰，先发标准的用户还可能游说潜在用户购买先发标准。相反地，后发标准不仅面临先发标准的阻碍，可能还面临未来新标准的挑战，后发标准的未来网络规模、网络效用具有很大的不确定性。

2. 不利的市场预期

预期管理是标准竞争的重要手段。预期管理的要旨在于获得消费者的信任，采用该标准将获得最大的网络效用。一个厂商成功地拥有较大市场份额甚至独占市场，仅仅是因为消费者预期它会成功。如果大多数消费者相信大多数消费者将采用某标准，则该标准最终将成为市场标准。消费者对某种技术标准的信心来自其他消费者的标准选择、对标准的熟悉程度、对厂商或标准联盟的信任等多种渠道。

其他消费者的选择，尤其是关键用户的技术选择，对广大普通消费者具有很强的示范效应。国外消费潮流不利于中国标准在国内的市场推广、开发，国外标准的发展对我国产业标准的开发和创新具有较强的示范作用，使得我国的产业标准发展受制于国外产业技术发展轨道。外国标准大多诞生于发达国家，往往带着国际标准的幌子，在发达国家中得到应用。在与国际接轨的思潮影响下，国外消费者采用国外标准对国内高端消费者，进而对国内普通消费者起到强大的示范作用。这将导致我国许多产业的标准发展一开始就处于主导范式作用之下，而不存在主导范式确立前各种设计范式相互竞争的阶段。

与发达国家相比，我国技术基础相对薄弱，国内企业的技术创新活动起点大多表现为引进、模仿、吸收国外技术。在消费者对具体技术状况不了解的情况下，中国技术水平低下的总体状况，往往导致国内消费者对中国标准缺乏信心，认为中国标准存在技术落后、不成熟、运行不稳定等缺陷，在一定程度上滞后了中国标准的市场化。

3. 知识产权制度

严格的知识产权制度，保护了市场标准的垄断收益：一方面，鼓励后发标准在竞争阶段采取积极的进攻战略，争夺市场标准地位；另一方面，鼓励先发标准利用被锁定顾客的转换成本，主动放弃潜在用户，从而有利于后发标准取得潜在用户的支持。

但是，与发达国家相比，中国对于知识产权的保护力度还要加强，否则会削弱后发标准争夺市场的激励，增加先发标准的用户基础，不利于中国标准取代先发外国标准的统治地位。

（四）我国标准发挥后发优势的分析

中国有利的市场环境、劳动力成本低、研究开发成本较低，具有一定的制造优势，符合中国标准的产品具有一定的成本优势；中国标准相对于竞争对手的技术优势参差不齐，难以一概而论。国内市场环境，为中国标准发挥技术优势和成本优势、取代先发外国标准，提供了有利的条件。

1. 市场快速增长

在一个用户数量固定的市场上，后发标准的成本优势可能难以抵消先发标准安装基础的网络效用，新标准难以被市场采用。但是在一个用户持续、快速增长的市场上，相对于未来用户的规模，旧标准的安装基础可能显得微不足道。新标准的出现，特别是不兼容旧标准的新标准，将有力地阻滞旧标准的市场推广。Katz和 Shapiro 证明在新、老产品不兼容的条件下，市场存在过度冒进：新产品具有后发优势，提前进入市场，市场标准过早转换。

2. 市场持续增长

持续优化的市场环境，有利于消费者形成稳定的预期，消除未来网络规模的不确定，克服安装基础对后发标准的不利影响。近些年来，中国经济持续、稳定增长的历史和趋势，为消费者提供了可靠的预期环境，有利于消费者形成乐观的预期，积极采用新生标准。

3. 广阔的市场容量

巨大的市场容量有利于消除中国标准被国际市场搁置的担忧。即使失去了国际市场，国内巨大的市场容量，也可以支撑足够大的网络规模，不仅可以为国内消费者提供足够大的网络效用，而且市场范围越大，消费者需求多样性程度越高，标准并存的可能性越大。如果中国标准击败了外国标准、占领了国内市场，将为采用中国标准的国外消费者带来巨大的网络效用，从而提高中国标准在国际市场的竞争力。

4. 政府支持

相对于欧美等市场经济国家，中国实行的是政府主导型市场经济体制，政府在经济运行中发挥着重要作用。扶持中国标准，提高产业国际竞争力，一直是中国政府追求的目标。中国政府的扶持作用可以表现在多个方面：第一，把中国标准确定为国内市场推荐标准，鼓励消费者、互补产品厂商支持中国标准；第二，政府作为关键顾客，可以改变消费者预期；第三，政府在研发上的支持，可以直接降低中国标准研发成本，降低研发风险；第四，政府还可以利用大国负责任的政治形象，向国际社会推广中国标准。

标准竞争过程既存在先发优势，也存在后发优势。国际标准竞争给发展中国家带来了机遇，也带来了更大的挑战。中国标准大多处于后发标准的竞争地位，面临着一系列后发劣势，但是国内市场环境也为发挥后发优势提供了许多有利的条件。

四、标准竞争促进农业服务业发展

由上述论述可知，无论是国际贸易还是国内贸易，各行各业的企业都面临着标准竞争的挑战和考验，农业当然也不例外。

为了应对标准竞争进而获取其带来优势利益，提供农业服务业尤其是与绿色食品产业相关的农业服务业的企业都在其提供的服务产品上下功夫，促进农业服务业发展，其专业化的程度越高，则越能促进绿色食品产业的发展。

综上，绿色产品农业服务业积极参与标准竞争，对于加快和提升绿色食品产业发展具有重要的意义。

第六章　黑龙江省绿色食品产业发展研究

第一节　绿色食品产业在黑龙江省农业中的地位

本章首先研究黑龙江省目前农业的发展状况，其正处在转型发展阶段，而绿色食品产业的发展对其转型发展又发挥着巨大的作用。

一、农业经济转型的本质内涵

一般地说，经济转型包括两个方面的内容：一是指体制转型，也就是从高度集中的计划再分配经济体制向市场经济体制转型；二是指结构转型，即从农业的、乡村的、封闭的传统社会向工业的、城镇的、开放的现代社会转型。

具体到农业经济转型，它包括多重转型的含义：即农业经济发展阶段从传统农业向现代农业转型、农业经济运行体制从计划农业向市场农业转型和农业经济增长方式从粗放型向集约型转型等。

农业经济转型是推进农业标准化生产的重要措施，是新时期农产品质量安全管理的重要手段，是提高农业综合生产能力和农产品市场竞争力、增加农民收入的有效方法。农业经济转型将农业生产、农技推广、农业科普、农业休闲有机结合，推动"三农"工作，积极探讨农业现代化进程，促进社会主义新农村建设。

二、黑龙江省农业经济的转型发展

黑龙江省作为农业大省，是全国重要的商品粮生产基地，农业在全省的经济发展中占有重要的地位。包括加格达奇区和松岭区在内，黑龙江省共有土地总面积 47.3 万平方千米，占全国土地总面积的 4.9%。根据 2008 年土地利用变更调查结果，黑龙江省农用地面积 3950.45 万公顷，占全省土地总面积的 83.53%；建设用地 149.85 万公顷，占全省土地总面积的 3.17%；未利用地 629.2 万公顷，占全省土地总面积的 13.30%；全省人均耕地面积 0.31 公顷，人均占有土地 4.6 亩[①②]。起始于 20 世纪 90 年代的农业产业化、生态化，明显地改变了黑龙江农业的传统面貌，促进了黑龙江省农业经济的发展。

---

① 1 亩≈666.67 平方米。

② 资料来源于《黑龙江》：http://www.gov.cn/test/2013-04/12/content_2376349.htm，2013 年 4 月 12 日。

（一）从传统农业向现代农业转型

从总体上看，农业经济总量增长，农业内部结构不断优化。种植业结构得到了进一步的优化，提高了产量质量，提高了经济作物和饲料种植比例。

2011年，黑龙江省农业经济总量平稳增长，实现农、林、牧、渔业增加值1705.6亿元，总量比上年增加402.7亿元，按可比价格计算比上年增长6.2%。其中，种植业增加值1167.8亿元，增长8.0%；林业增加值60.3亿元，增长4.8%；牧业增加值423.5亿元，增长1.7%；渔业增加值22.1亿元，增长5%；农、林、牧、渔服务业增加值31.9亿元，增长5.6%。农、林、牧、渔服务业增加值结构由2010年的67.3：3.4：25.8：1.5：2.0变化为2011年的68.5：3.5：24.8：1.3：1.9[①]。2019年黑龙江省粮食生产再夺丰收，总产量达到1500.6亿斤[②]，实现"十六连丰"。黑龙江省粮食商品量和调出量连续多年居中国第一，粮食总产量约占中国1/10。2019年，黑龙江省以保障国家粮食安全为使命，稳面积、稳产能，调结构、优供给，增绿色、上品质，优效益、促增收，全面推进现代农业高质量发展。黑龙江省利用生产者补贴等政策，科学指导农民进行种植结构调整，全省大豆种植面积2019年增加1068万亩，占全国增加量的77.3%。

2011年主要经济作物产量有增有减。2011年全年蔬菜产量789.9万吨，增长9.1%；水果产量225.6万吨，下降3.2%；甜菜产量275万吨，增长57.1%；油料产量23.3万吨，下降15.5%；烤烟产量7.8万吨，下降8.7%；亚麻产量1.2万吨，下降46.7%。

充分利用资源条件，依靠科技，加快畜牧业发展，使之成为黑龙江省农业的半壁江山。2011年全年猪牛羊肉产量168万吨，比上年增长1.4%；禽肉产量31万吨，增长3%；鲜牛奶产量543.1万吨，下降1.7%；鲜蛋产量105.4万吨，增长0.1%。

本节具体以绥棱县为例进行分析。绥棱县上集镇诺敏河千亩水稻科技示范园区主打科技牌，截至2017年，这个县围绕涉农项目建设各类园区27处，使良种覆盖率和农业机械化应用率均超过90%。几年来，绥棱县农业综合开发以高标准农田建设来加大农业综合生产能力，推进传统农业增产增效，引领传统农业升级。2008～2012年，绥棱农业综合开发把项目区建设作为农民致富的"先导"，全面完成了土地治理配套升级项目建设，共实施土地项目15个、总投资6213万元，实施产业化项目17个、总投资3907万元，科技项目7个、总投资403万元，项目建设的驱动、农业生产的改观，加快了农业效益的提升。绥棱县把农业综合开发新建项目区和已建成项目区进行有效整合，推进连片规模开发，发挥项目区建设的规模效应。这个县的水稻主产区——泥尔河乡卫星村，多年来沟壑狭窄，田

---

① 《2011年黑龙江省国民经济和社会发展统计公报》：http://www.hlj.gov.cn/sq/system/2015/08/07/010734135.shtml，2015年8月7日。

② 1斤=0.5千克。

地淤积堵塞，2010～2012年这个县投入240万元对淤田积水进行"疏通血脉"，修跌水建筑物8座，沟头营造水保林120亩，增加森林覆盖率5.6%，使这里"气血畅通"。其间这个县土地治理累计投入4229万元，改造中低产田3.52万亩，建高标准水田4.62万亩，在上集镇和长山乡等7个村镇，连片实施高标准农田示范园区2万亩。绥棱县大力推广水稻大棚育苗、超稀植栽培技术，新建育秧大棚476栋，改良土壤1.06万亩，平整土地825亩。疏浚排水沟、支渠道护砌等共110多千米，各类水工建筑物719座，有机井18眼。机耕路123千米，彩砖甬道堤防路160米，农田防护林850亩，建水稻育秧大棚344栋、温室4500平方米。购置农机设备129台（套），购置滴溉设备10套，每年水稻总产值稳步增长，2011年水稻总产值8394万元，和2008年非项目区水稻总产值相比增加4542多万元。

（二）从趋同的农业产业布局向发展区域特色产业转型

大力发展农村经济，促进农村经济转型最根本的是要培育地方优势产业，这也是增加农民收入的一个重要途径。

黑龙江已经成为全国重要的绿色食品生产基地。近年来，黑龙江绿色食品产业发展迅速，成为黑龙江农业和农村经济的一个新亮点，是全国绿色食品生产发展最快的省份。2011年末全省绿色食品认证个数1250个，比上年增加150个；绿色食品种植面积6430万亩，增长5.4%，其中A级绿色食品种植面积5980万亩，增长5.3%，占农用地总面积的93%。全省初步形成了以绿色食品标志管理、环境监测、产品监测、人员培训、技术开发为主要内容的管理服务体系，涌现出宁安响水大米、庆安精洁米、肇源古龙贡米、新三星啤酒、东宁八宝山珍、虎林椴树蜜等一批名牌绿色食品。

2011年，黑龙江省绿色食品产业牵动农户15.2万户，增长5.0%。绿色食品加工企业实现产值435亿元，增长45%；实现利税42.9亿元，增长21.5%。农村劳务输出产业发展壮大，2011年全年转移农村劳动力530.7万人，实现劳务收入407.7亿元，分别比上年增长2.1%和14.5%。

黑龙江省应以开发绿色食品为中心，走优质高效、特色的农业之路。黑龙江省充分利用开发生产绿色食品得天独厚的优势和巨大潜力，加快发展绿色食品生产加工、销售、培训、服务一体化进程，加快培育壮大龙头企业，带动优势农业和特色农业上规模、上档次、上水平。

（三）从粗放经营向集约经营转型

2011年黑龙江省农业基础设施继续强化，大大提高了机械化的程度。2011年末全省拥有农业机械总动力4097.8万千瓦，比上年增长9.7%；拥有农用拖拉机142.1万台，增长5.4%；农用运输车16.1万辆，下降13%。2011年全年农村用电量 58.2 亿千瓦时，增长 10.5%。2011 年农田有效灌溉面积 433.3 万公顷，增长 11.8%；节水灌溉面积 297.7 万公顷，增长 11.7%；农田受灾面积 348.8 万公顷，比上年下降 33.3%；综合治理水土流失面积 483.9 万公顷，增长 3.2%。

农机专业合作社（以下简称农机合作社）成为经营方式向集约经营转型的重要助推器。黑龙江省通过建立现代农机合作社，实现农业规模化经营、标准化生产、社会化服务的有机统一，加快了农业科技的应用，提高了土地产出率、劳动生产率和资源利用率，促进了粮食的增产增收。2012 年 8 月，哈尔滨市呼兰区金山现代农机合作社成功签约 1785 户农民，这些农民分别来自合作社周边的 4 个村，他们带地入社面积达 3.16 万亩。金山现代农机合作社因此成为省内土地经营面积最大、入社人数最多的现代农机合作社。金山现代农机合作社成立于 2010 年，在发展中他们逐渐认识到，没有土地规模经营，现代农机具就不能充分发挥作用，合作社就没有效益。2012 年春天，金山现代农机合作社投资人分组逐村、逐户到农民家去宣传，并带领附近村、屯 150 多位农民代表到兰西县榆林镇参观了玉米大垄双行高产示范区。同时，金山现代农机合作社负责人还在合作社章程中明确了一些关键内容：即政府扶持的资产平均量化给社员、每亩每年保底分红 400 元、建立个人账户、民主管理一人一票等，让农民心中有了底。加之市、区等涉农部门多次深入合作社帮助解决难题，使合作社最终赢得了广大农民的认可和响应。

（四）从农业经济向非农经济转型

从农业经济向非农经济转型也是吸纳农业劳动力，缓解黑龙江省农业人口众多、就业压力大的重要的方法。黑龙江省面积辽阔、资源丰富，不仅是农业大省，还是绿色资源大省、休闲观光农业大省，具有发展生态休闲农业的优势。发展生态休闲旅游业，不仅可以提升农业的价值，更能够在其衍生产品和服务的过程中，创造更多的财富，对于新农村建设和协调城乡发展具有重要的意义，双鸭山市岭东区现代农业采摘、观光、休闲示范园就是典型。

（五）从农村工业小、散企业群向集群产业转型

黑龙江省农村工业企业规模小，实力不雄厚，企业技术层次和加工技术水平低，不利于市场竞争和农村经济的发展。要把农产品初加工发展成为食品工业的集群产业，用龙头企业带动相关的中、下游配套企业群，努力把农产品加工业提高到一个新水平，使之成为黑龙江省具有特色的产业。

（六）从内销农业向外销农业发展转型

黑龙江省积极组织、引导绿色农产品企业参加各类展销会，不仅提升了黑龙

江省绿色产品的知名度，也促进了产品的外销。在 2019 年 11 月 29 日至 12 月 1 日举办的第二十届中国绿色食品博览会暨第十三届中国国际有机食品博览会上，黑龙江省共签订合同（协议）43 个、合同（协议）金额高达 1.82 亿元，其中现场签约 70.1 万元。大庆老街基农副产品有限公司的老街基牌肇州糯玉米等 15 家企业的 15 个品牌产品获得绿色、有机产品金奖，居 37 个省级展团前列。这些成绩都为黑龙江省绿色食品外销创造了条件。2019 年，黑龙江省绿色食品产品遍布全国、远销 40 多个国家和地区，2019 年实现销售收入 710 亿元，比 2018 年增长 30%。

三、黑龙江省农业经济转型发展速度慢、效率低

（一）从三次产业的角度分析

虽然经过多年的发展，黑龙江省农业经济的转型发展已经取得了一定的成绩，但从整体上来看，仍然存在着诸多的问题。本节先整体上分析一下农业经济在黑龙江省经济发展中的地位。

1. 产值

黑龙江省三次产业产值情况，如表 6-1 所示。

表 6-1　黑龙江省三次产业增加值及所占比重

年份	增加值/亿元				占地区生产总值比重		
	总值	第一产业	第二产业	第三产业	第一产业	第二产业	第三产业
2001	3 390.1	435.6	1 773.4	1 181.2	12.8%	52.3%	34.8%
2002	3 637.2	474.2	1 843.6	1 319.4	13.0%	50.7%	36.3%
2003	4 057.4	504.8	2 084.7	1 467.9	12.4%	51.4%	36.2%
2004	4 750.6	593.3	2 487.0	1 670.3	12.5%	52.4%	35.2%
2005	5 513.7	684.6	2 971.7	1 857.4	12.4%	53.9%	33.7%
2006	6 211.8	750.1	3 365.3	2 096.4	12.1%	54.2%	33.7%
2007	7 104.0	915.4	3 695.6	2 493.0	12.9%	52.0%	35.1%
2008	8 314.4	1 088.9	4 319.8	2 905.7	13.1%	52.0%	34.9%
2009	8 587.0	1 154.3	4 060.7	3 372.0	13.4%	47.3%	39.3%
2010	10 368.6	1 302.9	5 025.2	4 040.6	12.6%	48.4%	39.0%
2011	12 582.0	1 701.5	5 962.4	4 918.1	13.5%	47.4%	39.1%
2012	13 691.6	2 113.7	6 037.6	5 540.3	15.4%	44.1%	40.5%
2013	14 454.9	2 474.1	5 846.7	6 134.1	17.1%	40.5%	42.4%
2014	15 039.4	2 611.4	5 544.4	6 883.6	17.3%	36.9%	45.8%
2015	15 083.7	2 633.5	4 789.1	7 652.1	17.5%	31.8%	50.7%

资料来源：本表数据全部来源于《黑龙江统计年鉴 2016》，可能存在比例合计不等于 100.0% 的情况

　　由表 6-1 可知，从增加值绝对量上看，黑龙江省三次产业的规模都是在不断扩大的。从比重上看，2001～2010 年的 10 年间黑龙江省第一产业所占比重变化不大，一直保持在 12%左右，2002 年、2008 年、2009 年、2011 年和 2012 年均超过了 13%，不降反升，2013～2015 年所占的比重超过了 17%，但总体上看第一产业是三次产业中所占比重最低的；第二产业所占的比重几经起伏，占比最高的年份是 2006 年，为 54.2%，占比最低的年份为 2015 年，仅为 31.8%；第三产业所占的比重一直徘徊在 30%左右，2012 年首次占比超过 40%，在 2015 年的时候所占比重就超过了 50%。2015 年，黑龙江省三次产业的构成比例为 17.5：31.8：50.7，全国三次产业的平均构成为 8.9：40.9：50.2，可见与全国相比，黑龙江省第一产业、第三产业所占的比重均高于全国平均水平，而第二产业则低于全国的平均水平。

　　2. 就业

　　黑龙江省三次产业的就业情况，如表 6-2 所示。

表 6-2　黑龙江省三次产业就业人数及构成情况

年份	就业人员总数/万人				构成		
	合计	第一产业	第二产业	第三产业	第一产业	第二产业	第三产业
2001	1592.6	804.6	338.7	449.3	50.5%	21.3%	28.2%
2002	1603.1	807.6	338.5	456.9	50.4%	21.1%	28.5%
2003	1614.0	827.7	316.9	469.4	51.3%	19.6%	29.1%
2004	1681.1	812.1	356.0	513.0	48.3%	21.2%	30.5%
2005	1748.9	804.4	366.7	577.8	46.3%	21.0%	33.0%
2006	1784.1	806.1	374.9	603.1	45.2%	21.0%	33.8%
2007	1827.6	798.7	395.2	633.7	43.7%	21.6%	34.7%
2008	1852.4	803.8	385.1	663.5	43.4%	20.8%	35.8%
2009	1877.0	811.7	386.7	678.7	43.2%	20.6%	36.2%
2010	1932.0	798.6	374.4	759.0	41.3%	19.4%	39.3%
2014	2079.7	768.6	403.1	908.0	37.0%	19.3%	43.7%
2015	2034.5	764.1	406.2	864.2	37.5%	20.0%	42.5%

资料来源：本表数据全部来源于《黑龙江统计年鉴 2016》，该统计年鉴中缺少 2011～2013 年的数据

　　从表 6-2 显示的数字看，2010 年以前，尽管第三产业的就业比重不断地提升，第一产业的就业比重不断地下降，但第一产业却是黑龙江省吸纳就业的主力军，一直在 40%以上，超过了历年来的全国平均值。根据《黑龙江统计年鉴 2016》的数据可知，2014 年、2015 年这两年，黑龙江省第三产业吸纳劳动力的比重才超过了第一产业。

3. 投资

黑龙江省三次产业固定资产投资情况，如表6-3所示。

表6-3　黑龙江省三次产业的固定资产投资情况

年份	固定资产投资总额/亿元			比重		
	第一产业	第二产业	第三产业	第一产业	第二产业	第三产业
2002	25.44	150.71	402.70	4.39%	26.04%	69.57%
2003	35.64	151.61	425.61	5.82%	24.74%	69.45%
2004	48.72	179.18	439.01	7.31%	26.87%	65.83%
2005	36.87	242.09	496.76	4.75%	31.21%	64.04%
2006	44.11	245.27	641.63	4.74%	26.34%	68.92%
2007	46.64	303.04	862.53	3.85%	25.00%	71.15%
2008	71.31	408.69	1086.98	4.55%	26.08%	69.37%
2009	137.62	501.58	1487.75	6.47%	23.58%	69.95%
2010	182.59	607.34	1761.25	7.16%	23.81%	69.04%

注：本表是根据《黑龙江统计年鉴》中"国有单位固定资产投资"、"城镇集体单位固定资产投资"和"农村集体经济固定资产投资"的相关行业的数据加总得到的。其中第一产业为这三种资产投资资金的农、林、牧、渔业投资额的总计；第二产业为这三种资产投资资金的采矿业，制造业，电力、燃气及水的生产供应业和建筑业投资额的总计；第三产业则为这三种资产投资资金按照2003年划分行业分类中包括的15个行业部门的投资额总计。本表的数据未经修约，可能存在比例合计不等于100.00%的情况

投资在一定程度上意味着发展和增长。表6-3表明黑龙江省投资出现了一边倒的现象，那就是第三产业的固定资产投资比例一直是最高的，而且远远高于全国的平均值，第二产业的比重出现了下降的趋势，但也远远高于第一产业，第一产业所占的投资比例是最低的，一直都没有超过10%。

综上，非常清晰地表明了黑龙江省农业的状况：其产值和投资在三次产业中都是最低的，但是吸纳的就业比重却是较高的。由此可知，黑龙江省农业发展的负担重、转型发展速度慢。

（二）从产业相对劳动生产率的角度分析

产业相对劳动生产率是指产业增加值比重与产业就业比重之比。其具体的计算公式如下：

产业相对劳动生产率=产业GDP相对比重/产业劳动力相对比重　　（6-1）

应用式（6-1），采用2016年黑龙江省统计年鉴各年份的数据资料，计算得到了表6-4。

表 6-4　黑龙江省三次产业相对劳动生产率

年份	第一产业	第二产业	第三产业	年份	第一产业	第二产业	第三产业
2001	0.25	2.46	1.23	2007	0.30	2.41	1.01
2002	0.26	2.40	1.27	2008	0.30	2.50	0.97
2003	0.24	2.62	1.24	2009	0.31	2.30	1.09
2004	0.26	2.47	1.15	2010	0.31	2.09	0.99
2005	0.27	2.57	1.02	2014	0.47	1.91	1.05
2006	0.27	2.58	1.00	2015	0.47	1.59	1.19

资料来源：根据《黑龙江统计年鉴 2016》的相关数据计算得到

　　由表 6-4 可知，虽然黑龙江省是农业大省，在农业发展方面具有一定的优势。但仍存在农业劳动生产率低下、农业产业化进程过慢的问题。

　　在黑龙江省的三次产业中，第一产业吸纳的劳动力很多，但是投资和产出却是最低的，这直接导致了第一产业相对劳动生产率下降，效率较低下。

（三）从产业结构偏离度的角度分析

　　产业结构偏离度是指产值结构与劳动力就业结构之间的一种不对称状态。

　　根据表 6-1 和表 6-2 计算得到的黑龙江省产业结构的偏离度结果见表 6-5。

表 6-5　黑龙江省的产业结构偏离度

年份	第一产业	第二产业	第三产业	总计	年份	第一产业	第二产业	第三产业	总计
2001	37.7%	−31.0%	−6.6%	75.3%	2007	30.8%	−30.4%	−0.4%	61.6%
2002	37.4%	−29.6%	−7.8%	74.8%	2008	30.3%	−31.2%	0.9%	62.4%
2003	38.9%	−31.8%	−7.1%	77.8%	2009	29.8%	−26.7%	−3.1%	59.6
2004	35.8%	−31.2%	−4.7%	71.7%	2010	28.7%	−29.0%	0.3%	58.0%
2005	33.9%	−32.2%	−0.7%	67.2%	2014	19.7%	−17.6%	−2.1%	39.4%
2006	33.1%	−33.2%	0.1%	66.4%	2015	20.0%	−11.8%	−8.2%	40.0%

资料来源：根据《黑龙江统计年鉴 2016》相关数据计算得到的。总计为三次产业偏离度绝对值的和

　　从表 6-5 中可以看出第一产业的偏离度一直是正的，说明第一产业的就业比重一直高于其产出的比重，这就意味着黑龙江省农业的生产机械化程度低，劳动率水平较低。

　　表 6-6 概括了黑龙江省第一产业的总体状况，综述了以上所论证的问题，可见黑龙江省农业经济转型发展的道路还很漫长，需要加快黑龙江省绿色食品产业的发展，促进黑龙江省第一产业的转型发展。

表6-6　黑龙江省第一产业发展情况表

年份	产值情况		就业情况		投资情况		相对劳动生产率
	总值/亿元	比重	总人数/万人	比重	固定资产投资总额/亿元	比重	
2001	435.6	12.8%	804.6	50.5%	11.13	2.29%	0.25
2002	474.2	13.0%	807.6	50.4%	25.44	4.39%	0.26
2003	504.8	12.4%	827.7	51.3%	35.64	5.82%	0.24
2004	593.3	12.5%	812.1	48.3%	48.72	7.31%	0.26
2005	684.6	12.4%	804.4	46.3%	36.87	4.75%	0.27
2006	750.1	12.1%	806.1	45.2%	44.11	4.74%	0.27
2007	915.4	12.9%	798.7	43.7%	46.64	3.85%	0.30
2008	1088.9	13.1%	803.8	43.4%	71.31	4.55%	0.30
2009	1154.3	13.4%	811.7	43.2%	137.62	6.47%	0.31
2010	1302.9	12.6%	798.6	41.3%	182.59	7.16%	0.31
2014	2611.4	17.3%	768.6	37.0%	—	—	0.47
2015	2633.5	17.5%	764.1	37.5%	—	—	0.47

资料来源：《黑龙江统计年鉴2016》，其中投资2001年的数据实为2000年的数据

第二节　黑龙江省绿色食品产业发展的状况及存在的问题

一、发展状况

黑龙江省为农业大省，是我国绿色食品产业发展的重要基地之一，在整个产业中占据重要位置。黑龙江省绿色食品产业经过多年的发展，规模与总量保持持续增长。黑龙江省绿色食品产业拥有优质的资源和知名品牌，已初步形成了绿色玉米、大豆、水稻、乳品、肉类、山产品、饮品和特色产品八大产业体系。2013年，黑龙江省绿色（有机）食品认证面积达到7004万亩，超过全国认证总面积的1/4，总产值达1610亿元，占全国绿色食品总产值的1/6，实物总量3413万吨，占全国1/5，其认证面积、总产值、实物产量三个指标均名列全国第一。

根据《黑龙江统计年鉴2016》的数据，黑龙江省绿色食品产业处于不断的发展中，但总的来说A级绿色食品仍占绿色食品的绝大部分比重，AA级绿色食品所占的比重小，详见表6-7。

表 6-7　2015 年黑龙江省绿色食品种植业情况

指标	A 级		AA 级（有机食品）	
	面积/万公顷	产量/万吨	面积/万公顷	产量/万吨
水稻	205.2	1197.5	1.00	2.60
小麦	7.2	12.9	0.20	0.20
玉米	107.9	634.1	0.20	0.50
谷子	2.6	9.3	0.07	0.20
大豆	126.3	189.9	0.27	0.30
绿豆	2.8	4.4	0.01	0.07
马铃薯	8.8	37.2	0.02	0.10
甜菜	5.4	195.5	0.10	0.80
蔬菜	1.9	56.7	0.03	0.30
其他	11.4	34.8	1.10	1.83
合计	479.5	2372.3	3.00	6.90

资料来源：《黑龙江统计年鉴 2016》

山特产品也依然是 A 级产品，并占了绝大部分比重，见表 6-8。

表 6-8　2015 年黑龙江省绿色食品山特产品情况

指标	A 级		AA 级（有机食品）	
	面积/万公顷	产量/万吨	面积/万公顷	产量/万吨
食用菌	2.70	18.30	0.03	0.10
其他	1.10	0.90	0.93	1.50
合计	3.80	19.20	0.96	1.60

资料来源：《黑龙江统计年鉴 2016》

表 6-9 和表 6-10 的数据显示黑龙江省绿色食品养殖业的发展和从事绿色食品加工的企业的发展基本上都呈上升趋势。

表 6-9　绿色食品养殖业情况

指标	2011 年	2012 年	2013 年	2014 年	2015 年
牵动农户/户	145 149	146 000	151 600	156 200	30 419
生猪存栏/头	12 327	13 000	39 522	60 700	53 107
生猪出栏/头	20 861	22 000	46 456	62 600	76 420
猪肉产量/吨	1 408	1 539	3 275	4 900	5 542

续表

指标	2011 年	2012 年	2013 年	2014 年	2015 年
肉牛存栏/头	52 300	51 000	66 500	56 300	
肉牛出栏/头	74 200	72 000	76 600	58 000	
牛肉产量/吨	11 493	11 027	12 225	9 256	
奶牛存栏/头	514 000	483 000	596 330	430 000	380 270
牛奶产量/吨	1 595 620	1 499 000	1 947 500	1 404 297	1 036 791
鹅存栏/只	606 000	786 000	1 016 800	873 200	754 600
鹅出栏/只	978 060	1 073 000	1 543 200	1 375 000	1 289 400

资料来源：《黑龙江统计年鉴 2016》

表 6-10　绿色食品加工企业情况

指标	2011 年	2012 年	2013 年	2014 年	2015 年
企业个数/个	530	550	561	580	600
职工人数/万人	17.3	19.1	19.8	20.5	21.9
技术人员/万人	1.8	2.1	2.2	2.4	2.5
中级职称以上/万人	0.9	0.9	0.9	0.9	0.9
资产总额/亿元	335.5	338.9	346.5	355.2	367.4
流动资产/亿元	161.8	162.5	165.2	166.1	167.5
固定资产/亿元	160.4	164.7	168.9	173.6	199.9
投资额度/亿元	134.9	162.4	175.3	150.7	195.4
国家预算内投资/亿元	1.7	1.4	2.5	0.2	3.2
国内贷款/亿元	5.9	6.3	8.7	40.5	38.1
利用外资/亿元	28.0	32.9	38.7	3.0	1.3
自筹资金/亿元	95.9	118.2	121.3	105.1	145.2
其他投资/亿元	3.5	3.6	4.1	1.9	7.6
产品产量/万吨	910.0	1040.0	1090.0	1290.0	1350.0
产值/亿元	435.0	650.0	810.0	1120.0	1380.0
利税/亿元	42.9	45.3	62.1	85.7	89.6
订单数量/万吨	380.7	409.6	510.5	592.6	603.4
省内/万吨	121.7	125.6	147.6	168.2	144.7
省外/万吨	241.8	263.9	331.3	385.9	422.3
国外/万吨	17.2	20.1	31.6	38.5	36.4

资料来源：《黑龙江统计年鉴 2016》

二、黑龙江省绿色食品产业竞争力研究

为了更清晰和全面地了解黑龙江省绿色食品产业的发展状况，下面我们通过应用竞争力分析来进一步研究，由于数据的问题，本节以农业数据来代替绿色食品产业的相关数据。

（一）问题的提出

农业的发展是国民经济发展的首要问题，是经济、社会持续发展的重要支撑。作为一个农业大国，中国一直都非常重视对农业领域的投入和支持，然而农业又是一个非常复杂的研究对象，找准其中的不足、弱势、发展障碍和发展方向绝非易事，但这些恰恰就是促进农业良性发展的关键环节。

农业竞争力是对农业的综合性的研究，能全面地反映农业的发展状况及问题，它综合多个评价指标，通过量化分析，直观地表明了农业的发展全局，客观地评价了农业发展的优劣势等问题，为科学决策提供依据。

因此，研究农业竞争力是全面评价农业实际发展水平的重要方法，对于促进农业、社会的发展意义重大。有鉴于此，我们选取了相关的评价指标，应用因子分析法，在对全国31个省级区域（数据不包括香港、澳门和台湾）的农业竞争力进行比较研究的基础上，对黑龙江省农业的整体发展情况进一步进行分析。

（二）评价指标的选取、因子分析法及评价程序

1. 评价指标的选取及数据说明

评价指标的选取对于评价结果有着重要的影响，本书依据科学性、可操作性、综合性和导向性的原则，在借鉴其他研究成果的基础上，综合考虑31个省级区域农业发展的现有规模、结构、发展基础及发展潜力等方面，选取了21个评价指标进行研究，具体指标见表6-11。

表 6-11 农业竞争力的评价指标及代码

序号	指标	代码	序号	指标	代码
1	农、林、牧、渔业总产值	$X1$	7	农、林、牧、渔业法人单位数	$X7$
2	农业总产值	$X2$	8	农、林、牧、渔业增加值占地区生产总值的比重	$X8$
3	林业总产值	$X3$	9	农、林、牧、渔业就业人数占总就业人数的比重	$X9$
4	牧业总产值	$X4$	10	农、林、牧、渔业劳动生产率	$X10$
5	渔业总产值	$X5$	11	耕地面积	$X11$
6	农、林、牧、渔业就业总人数	$X6$	12	有效灌溉面积	$X12$

续表

序号	指标	代码	序号	指标	代码
13	农村用电量	X13	18	农、林、牧、渔业固定资产投资额	X18
14	农村居民家庭农业生产性固定资产原值	X14	19	农村发电设备容量	X19
15	农村居民家庭人均纯收入	X15	20	对外开放程度	X20
16	人均教育支出	X16	21	农、林、牧、渔服务业	X21
17	农用机械总动力	X17			

以上 21 个指标的原始数据均来源于《中国统计年鉴 2012》。其中，农、林、牧、渔业劳动生产率等于农、林、牧、渔业总产值和农、林、牧、渔业就业总人数之比；农、林、牧、渔业就业总人数的数据为按行业分城镇单位就业人员数中农、林、牧、渔业就业总人数；为保持一致，各地区的总就业人数也采用按行业分城镇单位就业人员数的总计；对外开放程度是外商直接投资与全社会投资之比；农、林、牧、渔服务业的数据是通过计算农、林、牧、渔总产值与农业总产值、林业总产值、牧业总产值、渔业总产值之差得到的。

2. 因子分析法及评价程序

因子分析法是处理区域经济多因子变量，并显示变量之间关系的一种科学的经济数量方法。因子分析能将众多量化指标包含的各种信息（包括其中一些指标间可能存在的一些重复信息），通过多因子载荷旋转，形成包含原来多个指标体系中大部分（通常是 80%以上）信息的少数几个主成分，从而将原来模糊、复杂、难解的多指标体系，简化为少数几个意义明确的主成分。这不仅简化了运算的程序，也有助于正确解释原有选取指标间的相互关系。农业竞争力是一个综合性的问题，这就决定了对农业竞争力的分析要采用多指标的综合评价方法，正是因为因子分析在处理可量化的多指标时所具有的这种特殊优势，本章采用因子分析法对 31 个省级区域的农业竞争力进行分析。

首先，对 21 个指标的数据进行预处理，即无量纲化，也可以称为数据的标准化。由于本章采用因子分析法，而在因子分析法中对于指标无量纲化处理方法是用 Z 评分法计算的，即等于指标值与全部样本该指标平均值的差占标准差的比重。

其次，用对 21 个指标的标准化数据进行巴特利特球度检验（Bartlett's test of sphericity）和 KMO（Kaiser-Meyer-Olkin）检验，以确定是否适合进行因子分析。一般情况下，KMO 值在 0.5 以下则不适宜做因子分析。如果巴特利特球度检验的统计计量数值较大，且对应的相伴概率值小于给定的显著性水平，则适合做因子分子；反之，则不能拒绝零假设，不适合做因子分析。

再次，提取并命名因子。依据因子解释原有变量总方差的情况，因子的数目取决于旋转后特征值大于 1 且累计贡献率超过 80% 的因子的个数。提取因子后，根据旋转后的载荷矩阵，对因子进行命名。

最后，根据因子的载荷，计算各个因子的得分矩阵。在此基础上，以各个因子的信息贡献率作为加重权数，计算各地的综合测评得分。

（三）实证分析

按照以上的程序，应用统计软件 SPSS 13.0，首先对 21 个指标原始数据进行标准化，如表 6-12 所示。

表 6-12　农业竞争力评价指标原始数据标准化

地区	X1	X2	X3	X4	X5
北京	363.10	163.40	18.90	162.70	11.50
天津	349.50	179.90	2.50	98.50	58.60
河北	4 895.90	2 775.30	58.80	1 674.00	163.60
山西	1 207.60	767.10	73.50	295.70	7.50
内蒙古	2 204.50	1 057.80	93.20	998.30	23.50
辽宁	3 633.60	1 307.20	107.40	1 521.10	560.00
吉林	2 275.10	1 020.40	81.90	1 074.50	31.10
黑龙江	3 223.50	1 801.80	110.20	1 189.90	58.90
上海	314.60	165.10	7.60	77.40	54.70
江苏	5 237.40	2 640.90	92.80	1 190.50	1 060.40
浙江	2 534.90	1 152.00	134.10	546.30	655.80
安徽	3 459.70	1 714.80	182.10	1 083.50	346.20
福建	2 730.90	1 136.20	237.70	479.20	782.60
江西	2 207.30	917.80	206.10	734.30	272.20
山东	7 409.70	3 843.60	100.00	2 171.90	999.10
河南	6 218.60	3 599.90	127.30	2 198.40	72.50
湖北	4 252.90	2 299.30	86.10	1 205.80	508.80
湖南	4 508.20	2 391.70	239.10	1 425.60	255.00
广东	4 384.40	2 042.20	208.70	1 146.40	843.00
广西	3 323.40	1 602.50	217.40	1 096.60	303.10
海南	1 002.40	401.00	161.40	207.10	204.60

续表

地区	X1	X2	X3	X4	X5
重庆	1 265.30	751.20	38.10	425.30	34.90
四川	4 932.70	2 454.30	130.10	2 127.20	147.20
贵州	1 165.50	655.30	46.70	381.90	19.90
云南	2 306.50	1 124.70	245.70	808.20	55.90
西藏	109.40	49.60	2.40	54.10	0.20
陕西	2 058.60	1 360.70	42.30	553.40	10.60
甘肃	1 187.80	848.50	17.20	210.60	1.60
青海	230.80	102.90	4.20	119.30	0.20
宁夏	354.70	223.60	9.30	97.60	10.20
新疆	1 955.40	1 437.90	38.10	415.00	14.20

地区	X6	X7	X8	X9	X10
北京	2.40	3 111.00	0.02	0.00	151.29
天津	0.60	2 226.00	0.03	0.00	582.47
河北	5.70	13 822.00	0.20	0.01	858.93
山西	3.20	27 869.00	0.11	0.01	377.37
内蒙古	26.20	7 094.00	0.15	0.10	84.14
辽宁	26.50	13 025.00	0.16	0.05	137.12
吉林	16.30	4 998.00	0.22	0.06	139.58
黑龙江	93.90	5 157.00	0.26	0.20	34.33
上海	1.40	3 522.00	0.02	0.00	224.70
江苏	9.40	20 070.00	0.11	0.01	557.18
浙江	1.50	28 997.00	0.08	0.00	1 689.93
安徽	6.00	9 084.00	0.23	0.02	576.71
福建	6.10	14 630.00	0.16	0.01	447.69
江西	10.80	8 712.00	0.19	0.03	204.38
山东	4.80	21 777.00	0.16	0.01	1 543.70
河南	7.30	15 105.00	0.23	0.01	851.87
湖北	9.40	10 342.00	0.22	0.02	452.44
湖南	5.40	9 819.00	0.23	0.01	834.85
广东	8.20	12 030.00	0.08	0.01	534.69

地区	X6	X7	X8	X9	X10
广西	10.80	10 310.00	0.28	0.03	307.72
海南	11.80	2 115.00	0.40	0.14	84.95
重庆	1.60	23 935.00	0.13	0.01	790.83
四川	4.60	14 322.00	0.23	0.01	1 072.33
贵州	1.90	4 422.00	0.20	0.01	613.40
云南	11.00	14 416.00	0.26	0.03	209.68
西藏	0.90	35.00	0.18	0.04	121.52
陕西	4.20	7 982.00	0.16	0.01	490.14
甘肃	5.20	4 886.00	0.24	0.03	228.41
青海	1.80	1 773.00	0.14	0.03	128.23
宁夏	2.70	1 850.00	0.17	0.04	131.36
新疆	57.90	3 650.00	0.30	0.21	33.77

地区	X11	X12	X13	X14	X15
北京	231.70	209.30	45.40	3 469.02	14 735.68
天津	441.10	338.00	51.30	5 906.41	12 321.22
河北	6 317.30	4 596.60	559.20	9 187.79	7 119.69
山西	4 055.80	1 319.90	86.60	4 935.99	5 601.40
内蒙古	7 147.20	3 072.40	52.30	25 803.95	6 641.56
辽宁	4 085.30	1 588.40	366.30	17 554.26	8 296.54
吉林	5 534.60	1 807.50	42.50	19 371.69	7 509.95
黑龙江	11 830.10	4 332.70	58.20	26 455.07	7 590.68
上海	244.00	199.60	204.30	1 680.34	16 053.79
江苏	4 763.80	3 817.90	1 606.80	5 656.03	10 804.95
浙江	1 920.90	1 456.80	848.00	7 110.35	13 070.69
安徽	5 730.20	3 547.70	117.30	9 447.75	6 232.21
福建	1 330.10	967.50	270.60	6 146.73	8 778.55
江西	2 827.10	1 867.70	77.30	6 230.99	6 891.63
山东	7 515.30	4 986.90	456.50	11 544.15	8 342.13
河南	7 926.40	5 150.40	281.80	8 360.34	6 604.03
湖北	4 664.10	2 455.70	112.30	7 940.34	6 897.92

续表

地区	X11	X12	X13	X14	X15
湖南	3 789.40	2 762.40	112.30	4 822.82	6 567.06
广东	2 830.70	1 873.20	1 134.90	3 781.21	9 371.73
广西	4 217.50	1 529.20	56.20	8 376.51	5 231.33
海南	727.50	247.50	7.10	7 673.94	6 446.01
重庆	2 235.90	692.90	70.40	7 711.12	6 480.41
四川	5 947.40	2 600.80	148.60	9 832.90	6 128.55
贵州	4 485.30	1 201.20	48.00	6 802.62	4 145.35
云南	6 072.10	1 634.20	66.80	13 434.18	4 721.99
西藏	361.60	245.30	0.90	42 959.64	4 904.28
陕西	4 050.30	1 274.30	131.30	5 196.30	5 027.87
甘肃	4 658.80	1 291.80	45.10	12 270.63	3 909.37
青海	542.70	251.70	4.10	15 345.96	4 608.46
宁夏	1 107.10	477.60	12.00	15 345.96	5 409.95
新疆	4 124.60	3 884.60	71.60	26 330.19	5 442.15

地区	X16	X17	X18	X19	X20	X21
北京	3 038.36	265.20	47.20	42 920.00	0.05	6.60
天津	2 155.70	583.90	151.20	5 800.00	0.04	10.00
河北	993.33	10 349.20	590.40	379 373.00	0.02	224.20
山西	1 254.72	2 927.30	271.20	178 398.00	0.01	63.80
内蒙古	1 669.51	3 172.70	490.30	80 025.00	0.01	31.70
辽宁	1 424.28	2 399.90	536.90	313 348.00	0.04	138.00
吉林	1 253.41	2 355.00	320.00	452 065.00	0.02	67.20
黑龙江	1 055.96	4 097.80	655.70	259 585.00	0.01	62.60
上海	2 378.67	105.70	18.60	0.00	0.10	9.70
江苏	1 664.29	4 106.10	225.40	51 416.00	0.07	252.70
浙江	1 945.03	2 461.20	131.60	3 768 133.00	0.04	46.70
安徽	1 003.83	5 657.10	256.40	919 345.00	0.02	133.00
福建	1 435.78	1 250.80	175.70	7 038 769.00	0.05	95.20

地区	X16	X17	X18	X19	X20	X21
江西	1 001.47	4 200.00	235.10	2 753 900.00	0.02	26.80
山东	1 078.75	12 098.30	731.70	79 223.00	0.03	295.10
河南	970.51	10 515.80	720.90	382 256.00	0.01	220.50
湖北	1 019.31	3 571.20	339.20	2 960 954.00	0.03	152.90
湖南	985.08	4 935.60	399.60	5 401 186.00	0.02	196.80
广东	1 459.05	2 414.80	302.10	7 055 838.00	0.05	144.20
广西	1 063.81	3 033.10	314.30	3 952 628.00	0.02	103.80
海南	1 622.20	444.30	24.20	356 895.00	0.02	28.20
重庆	1 393.78	1 140.30	323.60	1 778 214.00	0.03	15.70
四川	1 112.02	3 426.10	361.60	7 618 344.00	0.02	74.00
贵州	1 057.81	1 851.40	83.20	2 328 709.00	0.01	61.60
云南	1 152.30	2 628.40	153.90	8 903 959.00	0.01	72.00
西藏	2 185.79	427.90	24.20	167 207.00	0.00	3.00
陕西	1 374.20	2 182.90	393.20	1 011 627.00	0.01	91.60
甘肃	1 211.68	2 136.50	128.60	1 810 292.00	0.00	109.90
青海	1 870.08	430.70	85.00	820 685.00	0.02	4.20
宁夏	1 556.61	768.70	47.80	3 200.00	0.01	13.90
新疆	1 655.05	1 796.70	219.20	843 960.00	0.01	50.30

在标准化的数据基础上进行 KMO 和巴特利特球度检验，计算结果如表 6-13 所示。

表 6-13　KMO 和巴特利特球度检验

KMO 检验		0.864
巴特利特球度检验	近似卡方值	885.538
	自由度	210
	显著水平	0.000

从表 6-13 中可知，KMO 抽样适度检测值为 0.864，大于 0.5，巴特利特球度检验值为 885.538（近似卡方值），p（Sig.=0.000）<0.05，表明原始数据适合进行因子分析。其公共因子旋转前后的特征值和贡献率如表 6-14 所示。

表 6-14　因子解释原有变量总方差的情况

因子	初始特征值与贡献率			旋转后的载荷		
	特征值	贡献率	累计贡献率	特征值	贡献率	累计贡献率
1	8.239	39.232%	39.232%	7.635	36.355%	36.355%
2	4.809	22.901%	62.133%	3.768	17.942%	54.297%
3	2.276	10.840%	72.973%	3.297	15.700%	69.997%
4	1.770	8.430%	81.403%	2.395	11.406%	81.403%
5	0.841	4.004%	85.407%			
6	0.671	3.198%	88.604%			
7	0.589	2.806%	91.411%			
8	0.493	2.349%	93.760%			
9	0.339	1.616%	95.375%			
10	0.252	1.199%	96.574%			
11	0.195	0.930%	97.504%			
12	0.138	0.657%	98.161%			
13	0.121	0.576%	98.736%			
14	0.085	0.403%	99.139%			
15	0.063	0.298%	99.437%			
16	0.041	0.195%	99.631%			
17	0.034	0.160%	99.791%			
18	0.020	0.098%	99.889%			
19	0.017	0.083%	99.971%			
20	0.005	0.026%	99.997%			
21	0.001	0.030%	100.000%			

注：本表的数据未进行修约，因此累计数值可能存在偏差

表 6-14 表明，前 4 个公因子特征值都大于 1 且累计贡献率达到了 81.403%，已经超过了 80%，说明这 4 个经过正交旋转的公因子代表了原来 21 个指标 81.403%的信息量，可以作为原指标的转换体系来评价 31 个省级区域农业竞争力的问题。经过旋转后的前 4 个因子的载荷矩阵如表 6-15 所示。

表 6-15　旋转后的载荷矩阵

指标	代码	因子			
		1	2	3	4
农、林、牧、渔业总产值	X1	0.981	0.012	0.020	0.053
农业总产值	X2	0.968	0.094	0.035	−0.045
牧业总产值	X4	0.910	0.166	0.000	−0.030

续表

指标	代码	因子			
		1	2	3	4
林业总产值	X3	0.898	−0.062	0.036	−0.092
农用机械总动力	X17	0.869	0.183	0.053	−0.332
有效灌溉面积	X12	0.837	0.379	0.271	−0.035
农、林、牧、渔业固定资产投资额	X18	0.788	0.347	0.226	−0.170
耕地面积	X11	0.666	0.598	0.132	−0.001
农、林、牧、渔业劳动生产率	X10	0.618	−0.434	−0.121	−0.315
人均教育支出	X16	−0.610	−0.458	0.510	0.009
渔业总产值	X5	0.604	−0.527	0.126	0.380
农、林、牧、渔业法人单位数	X7	0.582	−0.412	−0.106	−0.074
对外开放程度	X20	0.231	0.795	0.298	0.376
农、林、牧、渔业增加值占地区生产总值的比重	X8	0.096	0.740	−0.370	0.268
农、林、牧、渔业就业人数占总就业人数的比重	X9	−0.200	0.710	0.389	0.458
农村居民家庭人均纯收入	X15	0.102	−0.677	0.841	0.176
农、林、牧、渔业就业总人数	X6	0.076	0.651	0.781	0.477
农村居民家庭农业生产性固定资产原值	X14	−0.282	0.595	0.771	0.047
农村用电量	X13	0.534	−0.548	0.304	0.646
农村发电设备容量	X19	0.193	−0.214	−0.265	0.691
农、林、牧、渔服务业	X21	0.455	−0.049	−0.302	0.618

注：提取方法为主成分分析法；旋转法为方差最大化法

根据表 6-15 可知，第一个因子在农、林、牧、渔业总产值，农业总产值，牧业总产值，林业总产值，农用机械总动力，有效灌溉面积，农、林、牧、渔业固定资产投资额，耕地面积，农、林、牧、渔业劳动生产率，人均教育支出，渔业总产值，农、林、牧、渔业法人单位数这些指标上的载荷较大，集中反映了各地农业的发展水平和总量，因此，我们将其称为规模竞争力因子。第二因子集中在对外开放程度，农、林、牧、渔业增加值占地区生产总值的比重，农、林、牧、渔业就业人数占总就业人数的比重这个三个指标上，这三个比重指标反映了结构合理程度、效益的问题，所以我们将其命名为结构竞争力因子。第三个因子在农村居民家庭人均纯收入，农、林、牧、渔业就业总人数，农村居民家庭农业生产性固定资产原值三个指标上的载荷大，这三个指标反映了各地农业的发展基础，所以称其为发展基础竞争力因子。第四个因子集中在农村用电量、农村发电设备容量和农、林、牧、渔服务业这几个指标上，说明了不同地区发展中的差别优势，因此称其为发展潜力竞争力因子。

根据这四个因子的载荷，可以计算得到这四个因子的得分系数，详见表6-16。

表 6-16　因子得分系数矩阵

指标	代码	因子			
		1	2	3	4
农、林、牧、渔业总产值	$X1$	0.107	0.041	0.004	0.044
农业总产值	$X2$	0.122	0.010	−0.013	0.000
林业总产值	$X3$	−0.044	0.037	0.075	0.406
牧业总产值	$X4$	0.116	−0.007	−0.005	0.014
渔业总产值	$X5$	0.004	0.208	0.068	0.136
农、林、牧、渔业就业总人数	$X6$	0.025	0.126	0.342	0.043
农、林、牧、渔业法人单位数	$X7$	0.043	0.035	−0.113	0.023
农、林、牧、渔业增加值占地区生产总值的比重	$X8$	0.006	−0.135	0.103	0.210
农、林、牧、渔业就业人数占总就业人数的比重	$X9$	−0.006	0.084	0.329	0.054
农、林、牧、渔业劳动生产率	$X10$	0.070	−0.018	−0.197	−0.066
耕地面积	$X11$	0.119	−0.039	0.095	−0.025
有效灌溉面积	$X12$	0.136	0.023	0.082	−0.072
农村用电量	$X13$	0.019	0.222	0.062	0.030
农村居民家庭农业生产性固定资产原值	$X14$	0.020	0.003	0.180	−0.105
农村居民家庭人均纯收入	$X15$	−0.017	0.271	0.081	−0.080
人均教育支出	$X16$	−0.068	0.175	0.064	−0.160
农用机械总动力	$X17$	0.147	−0.064	−0.087	−0.123
农、林、牧、渔业固定资产投资额	$X18$	0.140	−0.014	0.026	−0.114
农村发电设备容量	$X19$	−0.080	−0.013	−0.018	0.397
对外开放程度	$X20$	−0.044	0.278	0.075	0.076
农、林、牧、渔服务业	$X21$	0.109	0.022	−0.047	−0.020

应用表6-16的数据与经过标准化的原始数据，可以计算出各地各个因子的得分，并以各个因子的信息贡献率作为加重权数，计算各地的综合得分，具体的计算公式如下。

$$Z_i = 0.45F_{1i} + 0.22F_{2i} + 0.19F_{3i} + 0.14F_{4i}\ (i = 1,2,3,\cdots,31)$$

其中，Z_i 为各地的综合得分；F_{1i}、F_{2i}、F_{3i} 和 F_{4i} 为各地的因子得分，它们的系数分别等于36.355除以81.403、17.942除以81.403、15.700除以81.403、11.406除以81.403。具体的计算结果及排名见表6-17。

表 6-17　各地农业竞争力的因子得分及综合排名

地区	F_1	F_2	F_3	F_4	总得分	排名
山东	1.090 63	0.050 23	3.435 60	-0.241 36	1.120 808	1
江苏	2.576 79	0.595 79	-0.871 50	-0.816 36	1.010 754	2
河南	0.770 92	2.838 61	0.150 56	-0.080 92	0.988 686	3
广东	2.209 8	-0.736 51	-0.597 43	-0.658 00	0.626 746	4
河北	-0.072 25	1.876 48	-0.115 04	1.540 35	0.574 105	5
辽宁	1.742 68	-0.302 39	-0.658 16	-0.954 94	0.458 938	6
黑龙江	0.307 33	0.885 74	0.738 53	-0.145 33	0.453 136	7
新疆	-0.072 50	-0.212 76	2.543 42	-0.287 21	0.363 608	8
湖南	0.607 31	-0.447 06	-0.610 97	1.324 41	0.244 269	9
湖北	0.476 79	-0.127 44	-0.242 49	0.381 20	0.193 814	10
四川	0.627 49	-0.565 79	-0.670 39	1.061 02	0.179 065	11
内蒙古	0.261 67	-0.331 93	1.202 56	-0.903 61	0.146 708	12
安徽	0.549 30	-0.494 36	-0.245 75	0.353 11	0.141 169	13
福建	-0.796 54	1.088 85	-0.183 72	1.947 62	0.118 864	14
广西	-0.003 57	-0.584 02	0.010 90	1.398 34	0.067 748	15
浙江	-0.369 17	1.806 59	-1.008 97	0.108 50	0.054 809	16
吉林	-0.026 34	-0.397 02	0.612 06	-0.344 57	-0.031 146	17
云南	-0.395 36	-0.877 69	0.064 35	2.116 35	-0.062 488	18
江西	-0.351 83	-0.290 45	-0.053 31	0.910 50	-0.104 881	19
海南	-1.169 97	-0.425 10	0.988 61	1.026 93	-0.288 402	20
上海	-1.571 96	2.026 11	-0.197 92	-0.803 28	-0.411 702	21
陕西	-0.075 00	-0.754 46	-0.677 74	-0.595 44	-0.411 863	22
山西	-0.219 49	-0.621 14	-0.998 26	-0.579 26	-0.506 187	23
甘肃	-0.382 94	-1.227 92	-0.302 26	-0.271 82	-0.537 950	24
重庆	-0.498 14	-0.247 61	-1.028 58	-0.462 79	-0.538 858	25
北京	-1.559 35	1.632 52	-0.208 19	-1.561 68	-0.600 744	26
贵州	-0.477 91	-1.213 38	-0.760 71	-0.046 08	-0.632 989	27
天津	-1.217 74	0.934 36	-0.576 83	-1.438 61	-0.653 427	28
宁夏	-1.063 46	-0.726 58	-0.136 65	-0.751 61	-0.769 594	29
青海	-1.235 54	-0.440 69	-0.215 35	-0.761 31	-0.800 445	30
西藏	-1.233 63	-0.684 85	0.415 71	-1.267 45	-0.804 259	31

从表 6-17 可知，在 31 个省级区域中，农业竞争力的综合发展水平是不均衡的。得分最高的是山东省，为 1.120 808；得分最低的是西藏自治区，为-0.804 259，差距较大。有 16 个省级区域地方的农业整体竞争力高于全国的平均水平，有 15 个省级区域地方的农业竞争力低于全国平均水平，大约各占一半的比例。

（四）研究结论与建议

农业竞争力排在前面和后面的地区也是一般我们公认的农业大省和农业相对较弱省（自治区、直辖市），这在一定程度也证明了研究结果的准确性和可靠性。

从表 6-17 可知，黑龙江省的总体排名是第 7 位，还是比较靠前的，说明黑龙江省整体农业的发展水平比较高。其中在规模竞争力因子上、结构竞争力因子上及发展基础竞争力因子上，黑龙江省的得分都为正，说明在这三个方面，黑龙江省农业的发展水平超过了全国的平均水平，具有一定的优势，但是其在发展潜力竞争力因子上的得分为负，说明从整体上来说，黑龙江省农业发展的后劲不足，因此，应该加强农业基础设施的建设和投入，实施长远规划，着眼于提高现代化程度，大力促进和积极发展农业服务业。

三、存在的问题

黑龙江省绿色食品产业发展在全国有较强的竞争力，但是也存在一些问题，使得原有的竞争优势（如靠高投入、粗放经营和以量取胜）部分在弱化，而新的竞争优势（有科技支撑的产品创新和区域品牌建设）还没有完全确立，特别是在各省、市、区加快发展和注重培育竞争优势的市场竞争态势下，黑龙江省在全国的按竞争优势排序的位次有所后移，从而制约或阻碍了产业的进一步发展。目前，黑龙江省绿色食品产业主要存在以下问题。

（一）绿色食品产业市场体系建设不够完善

黑龙江省绿色食品产业市场体系建设存在"大生产，小市场"的现象，制约了产业进一步发展，绿色食品独特的内在价值没有在市场上体现出来。主要表现为：一是生产企业普遍存在市场开拓意识不强的现象，缺乏做大做强的企业开拓精神。二是绿色食品专营市场（店、区、柜）规模小、覆盖范围小，绿色食品与一般农产品"混场"销售（绿色大豆、玉米、水稻、大宗蔬菜产品都没有规模较大、基础设施比较完备的专业批发市场），许多具有特色的绿色食品没有形成市场优势。三是品牌杂乱，区域品牌竞争力弱。黑龙江省五常大米拥有产地证明商标、原产地域保护产品、中国名牌三项国家级认证，但有些企业因各种原因不愿使用证明商标，致使小品牌多达上百个，企业不但无法形成集中打市场的品牌合力，同时也失去了产品在市场上的覆盖率和竞争力，品牌未能发挥其最大功效。此外，品牌杂乱还造成同类产品互相掣肘，品牌效益无法实现。四是缺乏有实力的流通企业。绿色食品企业普遍存在"入超难"的问题，多是以"单打独斗"的形式开拓市场，90%的产品通过农贸市场、批发市场销售，缺少像北大荒商贸集团那样的大型绿色食品流通企业，难以形成固定销售区域和规模优势。

（二）前、后向产业发展滞后

从前向产业来看，上游企业受到不可预见的自然条件及可预见性的技术、管理、资金等因素的影响，导致产业主体进行正常生产或扩大再生产的能力受限。从后向产业来看，现代流通方式尚未健全，产业内物流以企业自理和供应商承担为主，这就分散了社会资源，降低了资源的利用率，增加了企业和社会的成本，影响了产业竞争力的提高。其原因主要在于：一是产业内信息的不通畅，市场营销网络不够健全；二是物流配套设施和装备的标准化程度较低，如交通运输基础设施总体规模仍然很小，各种运输方式之间装备标准不统一；三是信息技术应用水平较低，缺乏必要的公共物流信息交流平台，如以电子数据交换（electronic data interchange，EDI）互联网等为基础的物流信息系统在全省还未得到广泛的应用；四是社会物流总成本过高，流通方式单一。

（三）与支持性产业缺乏深度合作

在政策导向上，各级政府比较重视企业（产业主体）和产品的发展，而相对忽视相关的前、后向产业和支持性产业的发展，因为前者在短期内更容易见到成效。一是对产业发展的规律缺乏全面认识。二是地方政府和企业"重本轻末"，表现在更多地去抓加工、流通和消费环节的管理和投入，但对生产基地和龙头企业的扶持不够。而绿色食品产业链条是包括多个环节的长链条，如果不重视基地生产和龙头企业，必将导致企业快速发展的短期行为，不利于产业的长远发展。

支持企业发展的科研与应用比较分散，加大了企业开发和应用科技成果转化为生产力的成本。一是科研成果与企业对接不顺畅，根据哈尔滨市的科教优势，其应对绿色食品产业的发展发挥更大的作用，但科研成果与产业的发展衔接不紧密，产学研、合作机制尚未健全；二是缺乏统筹规划资源的宏观管理，招商引资和合作竞争不够。

绿色食品是我国的一项开创性事业，经过几十年的发展，取得了显著成效，创建了一个蓬勃发展的新兴产业，建立了一套特色鲜明的农产品质量安全制度，打造了一个代表我国安全优质农产品的公共品牌，在推进农业标准化生产、提高农产品质量安全水平、促进农业增效和农民增收等方面发挥了积极的示范引领作用。党的十八大确立了全面建成小康社会的奋斗目标，提出了加快发展现代农业和大力推进生态文明建设的战略任务，给绿色食品产业发展带来了新机遇，提出了新要求。我国经济发展进入"新常态"，现代农业建设进入关键时期，食品消费结构也进入加快升级转型阶段，迫切要求绿色食品承担新任务，发挥新作用。而黑龙江省是绿色食品的主产区，但黑龙江省绿色食品产业以上存在的问题已使得该产业的优势地位逐渐丧失，竞争力下降，而解决这一问题的关键就在于要大力发展符合黑龙江省绿色食品产业发展需要的现代农业服务业。

因此要加快绿色食品第一产业、第二产业、第三产业融合发展，调整优化第一产业（生产资料生产前向产业）内部结构，积极进行技术开发与推广，延长农产品产业链，提高前向产业的附加值，促使绿色食品前向产业全面发展；重点发展绿色食品第二产业、第三产业（加工、流通与服务业），加强产前、产中、产后联系，要求加工与流通企业与基地农户建立长期稳定关系。发展以绿色食品加工龙头企业为依托，通过市场和政府引导与培植，实现资源和生产要素的优化配置与合理组合，将各类科研机构和经济组织联系起来，建立"产加销服一体化"利益联结机制，提高产业组织化程度、资源配置的市场化和生产要素投入集约化水平。

第七章 黑龙江省绿色食品产业的现代农业服务业研究

第一节 黑龙江省农业服务业的发展状况

社会主义新农村建设要求农业生产不断转向专业化、社会化、产业化和市场化。加快发展农业服务业，通过服务业提高整个农业的附加值，创造更多的机会，对于优化农村特别是以农村为基础的小城镇经济结构，带动农村经济快速发展，缩小城乡差距，协调城乡的发展具有重要的现实意义。

一、农业服务业的总量逐年增加

农业服务业的总量不断增加，但分布不均，且增长波动较大，如表 7-1 所示。

表 7-1　1996～2015 年黑龙江省农、林、牧、渔服务业增加值及增长速度

年份	农、林、牧、渔服务业增加值/亿元	比上一年增长	年份	农、林、牧、渔服务业增加值/亿元	比上一年增长
1996	6.4	10.34%	2006	18.3	83.00%
1997	7.3	14.06%	2007	20.2	10.38%
1998	8.6	17.81%	2008	21.6	6.93%
1999	9.6	11.63%	2009	22.3	3.24%
2000	10.1	5.21%	2010	26.5	18.83%
2001	10.7	5.94%	2011	31.9	20.38%
2002	11.1	3.74%	2012	37.5	17.55%
2003	12.0	8.11%	2013	42.7	13.87%
2004	12.5	4.17%	2014	48.3	13.11%
2005	10.0	−20.00%	2015	54.3	12.42%

注：由于 2012 年国家对三次产业进行了重新划分，统计口径不完全一致

资料来源：根据 2005 年、2016 年《黑龙江统计年鉴》的数据计算得到

表 7-1 数据显示了 1996～2015 年 20 年间黑龙江省农业服务业的总产值，可以看出在这 20 年间黑龙江省农业服务业在总量上获得了发展，但发展的速度起伏

较大，最快为 83.00%，最慢为-20.00%，波动性较大，这也与农业产量的变动有关。

2012 年第三季度黑龙江省农、林、牧、渔服务业增加值比上年同期增长 12.9%。增长原因主要来源于两方面：一是受黑龙江省播种面积增加、种植业服务业出现劳动力季节性短缺，农村劳务价格大幅上涨；二是受"天保工程"范围扩大、拨付资金增加的影响，林区林业服务部门劳动量增加，工资标准较上年增长 100%，加之为农业生产服务的项目逐步形成产业化、规范化、工厂化等。

二、农机合作社成为农业服务业发展的助推器

黑龙江省通过建立现代农机合作社，实现农业规模化经营、标准化生产、社会化服务的有机统一，加快了农业科技的应用，提高了土地产出率、劳动生产率和资源利用率，促进了粮食的增产增收。2011 年，黑龙江省已组建的 558 个现代农机合作社总作业面积 6070.03 万亩，全部实现了农业生产的标准化，促进了农业的发展。

据黑龙江省农业委员会农业机械化管理局（以下简称黑龙江省农委农机局）的统计，2011 年，黑龙江省投资 11.8 亿元新组建 118 个现代农机合作社，其中 1000 万元规模的旱田合作社 100 个，800 万元规模的水田合作社 18 个。2011 年，黑龙江省共有现代农机合作社 558 个，配备了先进农机设备 15 525 台（套），其中进口和引资企业生产的大马力农机装备有 4948 台（套），占 31.9%；合作社农机总动力达到 81.8 万千瓦。2011 年合作社总收入 14 亿多元，总效益近 2 亿元。

现代农机合作社的发展促进了土地适度规模经营。558 个合作社辐射作业区基本实现了耕地连片作业和规模经营，其中 300 亩以上连片种植地块有 13 637 块，连片种植面积达到 1696 万亩。

现代农机合作社的大批组建，明显提高了黑龙江省的农业生产集约化水平和组织化程度，促进了农村劳动力的转移。据统计，2012 年，合作社所在地共转移农村劳动力 23.4 万人。

"十二五"期间，黑龙江省新建 1600 个 1000 万元规模的现代农机合作社，全省农机合作社总数达到 2040 个，以此推进黑龙江省由传统农业向现代农业转变。黑龙江省将重点发展先进适用的大型农机装备，优化农机装备结构，并加强农机化科技创新、产品研发和应用推广，实现产业化发展格局。

"十二五"期间，黑龙江省增加农机产品门类，不断提高产品科技含量和售后服务水平。2015 年全省实现农机工业总产值 130 亿元，比"十一五"期末提高 3 倍，逐步形成适应黑龙江省农业生产的产品体系。完善玉米、大豆和水稻三大作物全程生产机械化模式。2015 年，在全省 69 个县（市）建设 30~40 个新技术、新机具试验示范基地，以便提高重点技术普及率，更好地为农民服务。

此外，黑龙江省重点建设高标准、高质量的现代农机合作社，2015 年新增大马力拖拉机 9900 台，配套农具 2.97 万台（套），联合收获机 8800 台。从整地到收获环节实现作物种植全过程标准化作业服务，2015 年旱田服务面积达到 8000 万亩，水稻服务面积达到 1000 万亩。着重提高玉米机械收获水平，采用玉米收获机械直接完成机械摘棒、剥皮和秸秆粉碎还田，快速提高玉米机械化收获程度，降低农民种植玉米的劳动强度。

三、农业信息化服务取得了长足进展

黑龙江省通过实施金农工程、12316 综合信息服务平台和应用信息技术发展现代化大农业试点示范工程，全面推进农业农村信息化发展。

主要做法，一是完善信息服务网络。2015 年计算机延伸入村 3840 个，占行政村总数的 42.4%。二是健全信息服务体系。2015 年黑龙江省全省专兼职信息员达到 13 600 人，建立了 1044 人的省级农业信息服务专家队伍。三是制定信息服务规范。组织制定了《农业信息网络建设标准》等地方性标准。四是创新信息服务模式。有农业信息电视节目、乡村广播《信息大市场》、"12316"电话解答。

四、农业科技服务体系初步建立，科技投资较大

农业科技创新步伐加快。"十一五"期间，黑龙江省财政累计投入支农资金 840.2 亿元，支持农业科技推广和耕地质量改善，促进全省粮食总产量突破了 1000 亿斤大关。2010 年，黑龙江省共获得国家科技进步奖 3 项，神农中华农业科技奖 6 项，省政府科技进步奖 212 项，农业科技进步贡献率由 2005 年的 50.5%提高到 2010 年的 59.5%；选育出农作物新品种、新组合 400 多个，黑龙江省主要农作物良种覆盖率由 2005 年的 93%提高到 2010 年的 98%以上，主要农作物品种普遍实现了更新一到两次。深入开展粮食高产创建活动，组装集成配套农业高产栽培技术，2010 年全省五大粮食作物、十大高产栽培技术模式推广面积达到 1.5 亿亩，占粮食播种面积的 88.6%；农业生产标准化率由 2005 年的 65%提高到 2010 年的 90%，年均增加 5 个百分点。

下面以安达市为例进行说明。安达市围绕百公里科技示范带建设，以明沈路"一带五区"建设为核心，健全和完善农业技术推广服务体系，2010 年完成 14 个乡镇农业技术推广服务站建设，聘请中国农业科学院、黑龙江八一农垦大学等院校专家担任农业各科技示范园区顾问，并充分发挥驻村科技指导员作用，建立科技人员直接到户、良种良法直接到田、技术要领直接到人的科技成果转化机制，大力培育科技示范户，推广先进高产栽培模式和优良品种，扩大农业标准化覆盖面，逐步推广农业全面积、全作物、全过程的标准化生产，为"一带五区"建设

提供强大的技术支撑。

2012 年 8 月 8 日黑龙江省科技厅的信息显示，为进一步发挥科技在黑龙江省现代化大农业建设中的支撑引领作用，省科技厅超前谋划、精心组织农业领域科技项目，在 2011 年 5 月科学技术部（以下简称科技部）关于 2013 年项目征集会议上，黑龙江省农业科技领域共获得国家支撑和 863 计划申报指标 33 个（其中科技厅 24 个，国家工程技术研究中心 2 个，重点实验室 1 个，产业技术创新战略联盟 6 个），指标首次超过其他农业大省，在 31 个省（不包括香港、澳门和台湾）、5 个计划单列市中指标数量全国第一，每个指标可以申报一个经费额度 1000 万元的项目。据了解，在此基础上，继黑龙江省粮食产量全国第一后，黑龙江省 2013 年争取科技部农业领域资金经费额度将超过原第一梯队的其他省（自治区、直辖市），居全国第一位。

五、农业营销服务获得了进一步的发展

黑龙江省农产品营销获得了发展，创出了一批有市场竞争力的绿色农产品品牌。以双鸭山市为例，目前双鸭山市为"农字号"注册商标的有"阳霖"牌大豆油、"同鑫"牌面粉、"宝石金谷农科"牌大豆油获得黑龙江省名牌产品荣誉称号；阳霖、同鑫、龙谊、大顶子山、黑蜂、绿利、益香禾、彩川、荒原狼、宝石金谷农科、野宝、莹特 12 枚商标获得黑龙江省著名商标荣誉称号；宝清县宝清红小豆、大白板南瓜籽、挠力河毛葱，以及集贤县板子房西瓜、饶河县东北黑蜂 5 种产品获得国家地理标志保护产品称号。

2012 年以来，黑龙江省各地绿色食品工作机构按照省委、省政府的总体部署和要求，以"三市一会"（京、沪和穗，黑龙江绿色食品展销周）为重点，创新思路，完善机制，强化措施，大力推进绿色食品市场建设，取得了重要进展，并在一些区域实现了较大的突破。2012 年上半年，黑龙江省绿色食品省外销售额达到 155 亿元，同比增长 6.7%。

1. 外埠市场建设实现新突破

2012 年初以来，黑龙江省各地绿色食品发展中心积极组织"三品"企业在京、沪新建和扩建了一批绿色食品展示销售中心（店），截至 6 月末，黑龙江省省外绿色食品销售网点达到 1650 多家，比上年增长 21.7%。由黑龙江省绿色食品开发领导小组办公室（中心）支持在上海西郊国际建立的黑龙江绿色食品馆，2012 年上半年又增加企业 17 家，产品 30 个，截至年底已有 157 家企业入驻、经营九大类 300 多个黑龙江省绿色食品产品，成为黑龙江省在上海地区有影响的绿色食品展示、销售平台；在北京新建了 3 家黑龙江绿色食品销售店，经营六大类、200 多个产品，年营业额超过 8000 万元。

2. 专营市场建设又有新进展

在各地绿色食品开发领导小组办公室的大力支持下，由黑龙江省绿色食品开发领导小组办公室（中心）与哈尔滨南极国际贸易集团联合创建的黑龙江绿色食品展销中心于 2012 年 5 月 25 日正式营业，入驻的"三品"企业达到 107 家，现已成为黑龙江省最大的绿色食品展示销售窗口，2012 年底销售额可达 20 亿元。黑龙江在抓绿色食品专卖店建设上，2012 年在规范现有 20 家专卖店的基础上，又新建 5 家绿色食品专卖店，全部统一形象、实行市场准入和许可销售，切实扩大了销售网点规模。齐齐哈尔、牡丹江、大庆、绥化和佳木斯等地根据实际分别在当地建立和规范了一批绿色食品展专卖店、专柜，扩大了各自的绿色食品展示和销售窗口。

3. 展销活动取得新成果

截至 2019 年底，黑龙江省绿色有机食品基地面积达到 8100 万亩，有效使用标志的绿色有机产品达到 3400 个，地理标志农产品登记数量为 138 个，全省绿色食品的产品质量、产品品质、产业实力、市场竞争力、经营者素质、总体综合效益趋高向好的态势日益明显，初步实现了既"产得出、产得优"，也"卖得出、卖得好"。而积极参加各种类型的展销会也是黑龙江省绿色食品销售的主要方式，已成功举办了三十届的中国黑龙江哈尔滨国际经济贸易洽谈会、中国绿色食品博览会、中国国际有机食品博览会等众多的展会都成了黑龙江省绿色食品销售的主渠道之一。

六、农业服务标准化竞争取得了初步成绩

黑龙江省是"三品"生产大省，2012 年，黑龙江省"三品"认证数量达到 10 800 个，居全国前列。"三品"标准的制定与推广是"三品"生产质量安全的基础，按照"三品"开发要求，结合黑龙江省实际，从 2001 年起，黑龙江省绿色食品发展中心有计划地开展了"三品"地方标准的制定工作。截至 2011 年末，黑龙江省已制定"三品"地方标准 84 个，涉及粮食、蔬菜、食用菌和畜禽水产等领域，基本覆盖了黑龙江省"三品"的种植养殖种类。标准的制定与推广，推动了"三品"产业的发展，提高了标准化生产水平，推动了科技成果转化，加快了传统农业向现代农业迈进的步伐。截至 2017 年末，哈尔滨市"三品"认证数量达到 1791 个，认证数量在全国副省级城市中排名第一。

2012 年，为强化标准制定工作，黑龙江省绿色食品发展中心申报了《绿色食品粉丝加工技术规范》、《绿色食品奶牛饲养技术操作规程》和《无公害食品葵花生产技术规程》制定（修订）项目，并获得了省质量技术监督局批准。

第二节　黑龙江省绿色食品产业的现代农业
服务业的供应研究

黑龙江省由于优厚的自然条件，具有生产绿色食品的先天优势，但是整体上来讲，还存在一些问题，而这些问题都与现代服务业供应不足直接相关。

根据表 7-1 可知，黑龙江省农、林、牧、渔服务业增加值除了 2005 年，一直都呈现出上升的趋势，但总体增加值总量并不多。所以目前黑龙江省农、林、牧、渔服务业整体供给的发展比较平稳，所占的比重不大。通过实地考察和调研，我们认为黑龙江省农业服务业发展面临着如下的主要困难与问题。

一、增长缓慢，有效供给不足

以甘南县为例。到 2011 年末，甘南县共有各类农业服务业单位 31 个，遍布全县 10 个乡镇，从业人员 355 人。这些单位主要是提供农业生产产前和产中的技术服务、经营管理及核算服务，但缺少产后服务，缺少对农产品价格信息、市场信息的提供，详情见表 7-2。

表 7-2　1993～2015 年黑龙江省农、林、牧、渔服务业
增加值及比重情况　　　　　单位：亿元

年份	第一产业的增加值	农、林、牧、渔服务业增加值①	服务业增加值②	①占②的比重
1993	198.4	2.7	350.2	0.77%
1994	305.2	4.5	449.3	1.00%
1995	371.2	5.8	571.6	1.01%
1996	444.2	6.4	655.8	0.98%
1997	460.2	7.3	774.4	0.94%
1998	429.1	8.6	863.0	1.00%
1999	377.2	9.6	932.4	1.03%
2000	383.2	10.1	1036.6	0.97%
2001	435.6	10.7	1181.2	0.91%
2002	474.2	11.1	1319.4	0.84%
2003	504.8	12.0	1467.9	0.82%
2004	593.3	12.5	1670.3	0.75%
2005	684.6	10.0	1857.4	0.54%
2006	750.1	18.3	2096.4	0.87%
2007	915.4	20.2	2493.0	0.81%

年份	第一产业的增加值	农、林、牧、渔服务业增加值①	服务业增加值②	①占②的比重
2008	1088.9	21.6	2905.7	0.74%
2009	1154.3	22.3	3372.0	0.66%
2010	1302.9	26.5	4040.6	0.66%
2011	1701.5	31.9	4918.1	0.65%
2012	2133.7	37.5	5540.3	0.68%
2013	2474.1	42.7	6134.1	0.70%
2014	2611.4	48.3	6883.6	0.70%
2015	2633.5	54.3	7652.1	0.71%

资料来源：根据 2005 年和 2016 年《黑龙江统计年鉴》相关数据计算得到

　　虽然从绝对数上来说黑龙江省农、林、牧、渔服务业增加值是在不断上升的，但是从表 7-2 可以看出，黑龙江省农、林、牧、渔服务业增加值在服务业增加值中所占的比重非常低，多数年份未达到 1%，还出现了下降的趋势。由此可见，黑龙江省农业服务业供给不足。为了更准确地说明这一问题，我们建立如下的回归方程：

$$E = a + a_1 S + \mu$$

其中，E 为第一产业的相对劳动生产率；S 为服务业占地区生产总值的比重；μ 为误差项。

　　代入数据，利用 SPSS 13.0 对上式进行普通最小二乘法（ordinary least square，OLS）计算，可得到如下的关系式：

$$E = 1.252 - 2.731S \tag{7-1}$$
$$(9.074) \quad (-6.495)$$

　　$F=42.188$，对应的概率值为零，t 检验值对应的概率值均为零，表明回归方程通过了回归方程显著性检验和回归系数的显著检验，说明该模型较好地代表和体现了现实经济中服务业与第一产业的关系。从式（7-1）中可以看到，黑龙江省服务业的发展与第一产业的发展是成反比的关系，黑龙江省服务业的发展不仅没有促进第一产业的发展，恰恰相反，却起到抑制的作用，这就意味着目前黑龙江省服务业的发展对农业并没有起到支撑和促进的作用，究其原因就是农业服务业所占的比重小，因此发展服务业也不会对农业经济的发展产生太大的影响。

　　这种不足造成了农业产业链"失衡"，不利于农业的发展。以五常大米为例，截至 2011 年，随着全国粮食的"八连丰"，知名的黑龙江省五常大米也迎来好光景。近年来，黑龙江省五常市因为发展绿色有机水稻，加上多数稻田为天然河水灌溉，五常大米享誉全国。中等包装的大米，五十元一斤很普遍，最贵的一斤甚至卖到了 199 元。但五常市的许多稻农却感受不到喜悦，因为他们辛辛苦苦种出的水稻，卖给当地的加工企业每斤不到 2 元。与大米高企的售价形成鲜明对比的，是稻农的有机水稻收购价格并不高，2010 年上市的有机稻仅为每斤 1.90 元左右。小农户、大市场的格局严重损害了农户的利益，不利于农业的发展。

这一点也在我们的调查走访中得到了证实。黑龙江省现辖 13 个地市，其中 12 个地级市，1 个地区；65 个县（市），其中 21 个县级市；902 个乡（镇），其中 557 个镇，14 488 个村。2017 年本书课题组的成员分别调查了哈尔滨市阿城区亚沟镇南平村、齐齐哈尔市龙江县龙兴镇龙兴村和五常市向阳镇近 70 个农户，调查表明有些农户需要的农业服务产品供给少或者没有供给。农户愿意接受农业服务的提供，甚至是有偿提供，但由于种种原因没有得到所需服务的竟然高达 64%。可见，黑龙江省农业服务业还有很大的发展空间。

二、农业服务业供给组织形式较单一

黑龙江省农业服务业的供给情况，如表 7-3 所示。

表 7-3 黑龙江省农业服务业的供给情况

服务项目	各农业服务业提供主体提供比率						
	政府	村集体	合作组织	龙头企业	科研单位	信用社	其他民间主体
技术信息	46.2%	25.6%	9.0%	3.2%	5.8%	0	10.3%
价格信息	53.1%	15.1%	9.3%	5.8%	1.2%	0	15.5%
政策法律信息	32.8%	20.6%	0	1.7%	3.1%	0	15.6%
信用等级证明	7.7%	2.2%	5.3%	2.7%	0	74.4%	7.7%
信用担保	5.3%	13.2%	5.3%	0	0	44.7%	19.6%
介绍贷款	8.3%	13.0%	4.8%	0	0	60.9%	13.0%
组织集体贷款	0	28.6%	42.9%	0	0	28.6%	0

注：这里所说的政府是指政府部门中所有涉及提供农业服务业的部门，如农业局、畜牧局、农业技术推广中心等

根据表 7-3 可以发现，不同的信息服务，提供主体不同。例如，技术信息、价格信息和政策法律信息以政府提供为主；而信用等级证明、信用担保和介绍贷款则以信用社提供为主。总的来看，各类主体提供的农业服务还不能充分满足广大农民的需求，公共服务能力还不够强，农业公益性服务能力特别是农业技术推广、动植物防疫、农产品质量监管等还有待进一步提高，农民专业合作服务组织

的凝聚力、吸引力和服务能力也有待进一步提升，农业产业化龙头企业与农民的利益联结机制还不完善，带动能力不强，市场体系中经营性服务组织商业化过于严重，服务也不够规范，各服务主体之间缺乏有效的协调。具体来说有以下几点。

（一）县、乡农业服务机构体制、机制改革需要进一步深化

随着农村改革的不断推进，县乡（镇）公益性服务机构的体制不顺、机制不活、人才队伍不稳、财政保障不足、服务手段落后等问题依然存在，甚至部分地方服务功能逐渐弱化。

县级机构存在的具体问题主要表现为：①县级农业服务机构不同专业分属不同的部门领导，这一现状降低了农业服务机构的工作效率；②县级农业技术服务人员结构不合理，技术服务人员知识断层与知识老化问题严重，技术服务人员综合素质有待提高；③县级农业技术推广资金投入不足，使得大部分地方开展农业技术推广效果不佳。

（二）村集体的农业服务力量需要加强

样本村集体经济组织为农户提供的农业服务主要表现出以下几个特征：①村级集体经济组织为农户提供的农业服务普遍较少，服务内容以综合性项目为主；②村级集体经济组织提供的农业服务以产前和产中服务为主，农业产后服务比较薄弱；③村级集体经济组织提供的农业服务大多是自发性的，收费性的服务项目比较少；④村干部比较重视农业服务，但计划向农户提供服务的村并不多。

当前黑龙江省村级集体经济组织为农户提供的农业服务还比较少，覆盖的生产环节还不是很全面，提供农业服务的可持续性较差。造成这种状况的原因主要有：①村级集体经济实力薄弱，无力向农户提供农业服务；②村级集体经济组织管理不严格，难以有效承担提供农业服务业的职能；③村级集体经济组织在农业服务体系建设中定位不明确，主体功能不突出；④村级集体经济组织缺乏外部支持，开展农业服务受到环境限制。

（三）农民专业合作组织的决策机制和运行机制需要完善

由于新型农民专业合作组织起步晚、总量少、层次较低，其带动能力远远不能满足广大农民和农业发展的要求。农民专业合作组织大多较为松散，在不同程度上存在着管理水平不高、服务不到位等问题，无论从数量还是质量上都难以满足农民的需求和新形势发展的要求。

农民专业合作组织从组织机制、决策机制、利益分配机制等方面看存在以下问题：①在管理与决策上，缺乏高知识层次的领导人，这也将影响农民合作经济

组织作用的进一步发挥；当前农民合作经济组织的重大决策未能体现合作组织的"一人一票"原则。②在经济利益上，农民合作经济组织的收入来源较少，收入来源不足，使农民合作经济组织职能的发挥大打折扣，同时也限制了农民合作经济组织的辐射范围。③在技术力量上，技术人员的业务能力偏低，高学历文化的技术人员比重偏小且技术队伍规模偏小，这严重制约了其对农民提供技术服务的能力。④目前黑龙江省政府对农民合作经济组织的发展扶持力度还很小，实践证明，政府的引导和扶持有助于农民合作经济组织改变其弱势地位，并增强其技术推广能力。

（四）农业产业化龙头企业尚缺乏全面的农业服务意识

第一，企业进行农业服务供给不足，全盘意识不够，定位水平较低。主要表现为：①龙头企业对农民提供的资金服务与技术、信息服务相比，明显不足；②从技术服务的内容看，也没有覆盖产前、产中和产后的各个环节，整体存在的问题是目前企业提供产中农业服务居多，产前和产后阶段的配套服务较少；③企业提供的农业服务往往只针对某个特定的环节，对其他环节则疏于管理；④企业进行农业服务的定位水平较低。第二，针对企业进行农业社会化服务的政策缺位，表现为政府的相关优惠政策如政策扶持、资金补助或贴息贷款等没有落到实处。第三，企业进行农业服务的资金问题突出。主要表现在企业的信贷环节上，由于农产品加工业的特殊性和季节性较强，在生产旺季，企业每天需要投入大量的流动资金，而在原料农产品收购过程中，多为现金交易，故企业经常陷入流动资金紧张的境地。第四，企业进行农业服务的人才开发支持力度不够。主要表现在：首先，同城市中的大型企业相比，黑龙江省农业龙头企业的在职培训少；其次，在企业中进行农业社会化服务的人员（如农技推广人员）学历和基本素质有待提高，这也为企业进行农业社会化服务的效果打上了折扣。第五，"公司+农户"模式存在制度缺陷。由于自身固有的逐利动机，企业在对农民提供农业服务的过程中，不论是服务的内容还是对农民服务的组织模式都带有明显的利益倾向；"公司+合作社+基地+农户"模式相对来说缓解了企业和农民之间的矛盾，但大多数合作社都是由企业牵头成立的，企业和合作社的领导参与，没有真正成为农民自己的合作社，固有的制度缺陷依然存在。

（五）农资供应商在经营的过程中存在诸多问题和困难

农资供应商在经营的过程中存在的困难主要有以下几点。①资金不足。主要原因在于：农民赊账情况较多；农资供应商贷款困难。②农资市场竞争激烈。一方面，村级农资店的数量猛增，且出现恶性竞争情况；另一方面，农资供应主体越来越多样化，农资供应商越来越多，引起不公平竞争。③自然和市场风险大，风险保障能力弱。④农资供应商自身的专业技术知识、信息掌握程度及市场经营水平不高。农村经纪人是促成农产品顺利进入全国乃至世界流通网络的一个群体。存在的主要问题是：①农产品经纪人难以控制收购的产品质量。②农产品经纪人难以保证农产品的产量，经纪人群体在总体上缺乏相应的技术和信息，更缺乏帮助农民引进技术支持的资金。③自营经纪人往往亏本，从而逐步转变为中介经纪人的较多。④农产品经纪人的合作化进程较为缓慢，大部分经纪人对成立经纪人协会还缺乏必要的认识。

三、农业金融服务业发展不足

投入是增长的基本保障。农村信用社是农村和农业金融的主要提供者，但农村信用社的资金供给能力和服务能力有待提高。农村信用社从农村吸收的存款，绝大部分投入到农村经济的发展中去了。各地农村信用联社也不断开辟与完善新途径，采取新办法来服务三农，有些地方已经取得比较好的效果。农村信用社是促进农村经济发展的重要力量。但是，农村信用社与农村中小企业的金融联系并不紧密，农民专业合作组织也难以得到农村信用社的金融服务。具体问题如下。

（1）农村信用社难以满足农户的金融需求。总的来看，由于抵押品难题，农村信用社的借款不能满足农户的金融需求，信用社小额信贷覆盖面窄、额度低、手续烦琐，农户联保贷款覆盖面很窄。相比较而言民间借款更能有效满足农户的金融需求。

（2）农村信用社难以满足农村中小企业的金融需求。农村信用社难以掌握企业资信和风险的具体状况，一般不愿发放太多贷款；信用社由于担心发生违约后缺乏有效的制裁措施，更不愿放款。

（3）农村信用社难以满足农民专业合作组织的金融需求。农民专业合作组织规模较小，组织比较松散，农村信用社往往认为其不够"正规"，认为向这样的组织发放贷款具有较高的风险。

（4）农村信用社的信贷供给能力较弱。有些地方农村信用社网点减少，降低了信贷供给能力；信用社的内部管理制度也影响了信贷供给能力；信贷基础设施建设滞后导致信用社金融供给能力较弱。

（5）农村信用社面临的经营困境影响了为三农服务的质量。农村信用社的历史包袱沉重，不良贷款比例偏高；信用社投向"三农"的资金不足；农村经济发展缓慢影响了信用社的业务开展。

四、农村流通服务业成为发展瓶颈

"卖难"是导致农民增产不增收的症结所在，流通问题成为制约农民增收的瓶颈，因此大力发展农村流通服务业迫在眉睫。从目前来看，农产品流通环节混乱，产地批发市场建设亟待培育是迫切需要解决的问题。

从批发市场自身建设来看，主要存在以下问题。第一，批发市场的分布严重不均，产销批发市场分布不均衡。第二，规范化、标准化程度较低。主要表现为：露天市场较多；对农产品的农药含量进行规范检测的市场较少；在现行批发市场中，零售现象大量存在；批发市场主体繁杂，主体不明确。第三，组织化程度较低。在农产品批发市场中，由中介组织、经纪人组成的市场营销队伍人数庞杂，基本上处于自发、松散、无序状态，经营手段落后，一对一的交易方式极其普遍，批发市场规模效率的优势未能体现出来。

从服务的公益性与批发市场营利性的矛盾来看，主要存在以下问题。①多数农产品批发市场的价格发现和信息发布功能缺乏。由于农产品批发市场的价格发现和信息发布功能不健全，利用批发市场对生产环节进行调节和引导的功能难以发挥。②绝大多数农产品批发市场的食品质量安全管理保障功能缺乏。主要表现为：第一，因为检测的设备与技术等问题，很难在农产品交易完成之前获得检测结果，所以根据检测结果所能控制的往往只能是相同来源的农产品；第二，由于较高的检测成本和较少的检测人员数量，随机抽样检测的比例很小，所能控制的农产品只能是交易对象中很小的一部分；第三，由于农产品批发市场本身不具有执法职能，对在检测中发现问题的农产品的处理也难以到位。

以黑龙江食用菌为例，它在国内外市场竞争中优势明显。一是有生产基础。黑龙江食用菌 2010 年总产量 154 万吨（鲜品），其中，黑木耳、猴头菇产量位居全国首位，滑菇位于全国第二位，平菇位于全国第九位。二是有市场基础。黑龙江东宁绥阳和尚志苇河黑木耳批发大市场年交易量都在 10 万吨左右。三是有加工基础。黑龙江食用菌加工能力达到数十万吨，主要产品有食用菌汤料、黑木耳方便菜等。四是有科研基础。截至 2010 年，黑龙江在野生菌种人工驯化等方面取得科研成果 30 多项。但流通成为其向外扩展的障碍。因此，黑龙江省产地专业批发市场建设仍存在较大的提升空间：一是基础设施有待完善；二是运营理念有待提升；三是配套环节有待健全。

五、有机产品认证示范创建区少、发展慢

为贯彻落实党中央"加快推进生态文明建设""大力推进绿色发展、循环发展、低碳发展"①要求，认真践行"创新、协调、绿色、开放、共享"的新发展理念，中国国家认证认可监督管理委员会自 2011 年起评选国家有机产品认证示范创

---

① 引自《中共中央国务院关于加快推进生态文明建设的意见》。

建区，旨在引导地方政府建立有机产品认证监管联动机制和有机产业发展协调机制，加强有机产品认证监管，进一步深化有机产品认证在服务地方经济发展、生态文明建设、精准扶贫等方面的作用。

2011 年国家批准了包括浙江省杭州市建德、陕西省汉中市洋县、北京市延庆县、福建省泉州市安溪县、四川省南充市西充县、四川省广元市旺苍县、江西省宜春市万载县、山西省大同市广灵县等 11 个县/市的国家有机产品认证示范创建区。2012 年，国家有机产品认证示范创建区为贵州省麻江县、山西省沁县、浙江省武义县、福建省建瓯市、江西省婺源县、山东省潍坊市峡山生态经济发展区、湖北省宣恩县、四川省宝兴县、云南省彝良县、新疆维吾尔自治区温宿县、新疆维吾尔自治区裕民县、新疆生产建设兵团农四师七十六团，共 12 个。2016 年河北省隆化县等 30 个县市级单位开展国家有机产品认证示范区创建，并被列为"第六批（2016 年度）国家有机产品认证示范创建区"。经地方质检部门考核验收、文件审查、现场查验（必要时）等流程，将黑龙江省红星农场等 8 个示范创建区列为"第二批（2016 年度）国家有机产品认证示范区"。黑龙江各年度的情况见表 7-4。此外，绿色食品电商发展也相对缓慢。

表 7-4　黑龙江国家级有机产品认证示范创建区

项目	2011 年	2012 年	2013 年	2014 年	2015 年	2016 年	2017 年
全国/个	11	12	5	9	17	38	45
黑龙江省/个	0	0	0	0	0	1	5
比重	0	0	0	0	0	2.6%	11.1%

资料来源：根据中国国家认证认可监督管理委员会发布的各年度国家有机产品认证示范创建区名单及网站的相关信息整理而来

第三节　黑龙江省绿色食品产业的现代农业服务业对绿色食品产业的促进作用分析

一、模型的选取及分析

一般地，研究产业对于经济增长的贡献时，都应用刘伟和李绍荣（2002）对产业结构对经济增长的贡献问题的研究方法。他们认为不同产业结构对生产影响的函数为 $Y = F(X_1, X_2, \cdots, X_K, A)$。其中，$Y$ 表示总产出；$X_i \ (i = 1, 2, \cdots, K)$ 表示第 i 个产业的产出量；A 表示经济的制度和技术水平。对上述函数求全微分可得

$$dY = \frac{\partial Y}{\partial X_1}dX_1 + \frac{\partial Y}{\partial X_2}dX_2 + \cdots + \frac{\partial Y}{\partial X_K}dX_K + \frac{\partial Y}{\partial A}dA$$

对上式的两端同除以 Y 得到

$$\frac{\mathrm{d}Y}{Y} = \frac{X_1}{Y}\frac{\partial Y}{\partial X_1}\frac{\mathrm{d}X_1}{X_1} + \frac{X_2}{Y}\frac{\partial Y}{\partial X_2}\frac{\mathrm{d}X_2}{X_2} + \cdots + \frac{X_K}{Y}\frac{\partial Y}{\partial X_K}\frac{\mathrm{d}X_K}{X_K} + \frac{A}{Y}\frac{\partial Y}{\partial A}\frac{\mathrm{d}A}{A}$$

其中，$\dfrac{X_i}{Y}\dfrac{\partial Y}{\partial X_i}$ 为第 i 个产业的总产出弹性，记为 b_i，则上式可以改写为

$$\frac{\mathrm{d}Y}{Y} = b_1\frac{\mathrm{d}X_1}{X_1} + b_2\frac{\mathrm{d}X_2}{X_2} + \cdots + b_K\frac{\mathrm{d}X_K}{X_K} + b_0$$

其中，$b_0 = \dfrac{A}{Y}\dfrac{\partial Y}{\partial A}\dfrac{\mathrm{d}A}{A}$ 为经济制度变迁对总产出的贡献。因此，一般可以利用式（7-2）所示的计量模型作为产业产出与总产值的模型。

$$\log Y = b_0 + b_1\log X_1 + b_2\log X_2 + \cdots + b_K\log X_K \tag{7-2}$$

因此，我们可以利用 $\log Y = b_0 + b_1\log X_1$ 作为黑龙江省农业与农业服务业的关系研究模型。其中，Y 为黑龙江省第一产业的增加值，X_1 为黑龙江省农、林、牧、渔服务业增加值。将数据代入式（7-2），利用统计软件 SPSS 13.0，可以得到如下模型，见式（7-3）：

$$\log Y = 1.94 + 0.78\log X_1 \tag{7-3}$$

表 7-5 表明，R 为 1.0000；F 为 110.085，对应的概率值为零；t 检验的结果分别为 24.917 和 10.492，对应的概率值均为零；表明回归方程通过了回归方程拟合优度、显著性检验和回归系数的显著检验，表明该模型与现实经济拟合较好，可用来分析现实经济。

表 7-5　黑龙江省农业增加值与农业服务业总产值的计量模型的检验结果

模型	R	F	Sig.	t	Sig.
1	1.0000	110.085	0.000		
常量				24.917	0.000
X_1				10.492	0.000

根据式（7-3）可知，黑龙江省农业服务业的产出量增长 1%会导致农业总产出增长 0.78%，即黑龙江省农业服务业增加一个单位的产值，农业总产值将会增加 0.78 个单位。由此可见，黑龙江省农业发展缓慢与农业服务业比重低、发展速度缓慢存在相关关系。黑龙江省农业服务业发展缓慢，有效供给不足，使其对农业的促进作用没有充分体现出来，因此大力发展农业服务业以促进黑龙江省农业

经济的转型发展势在必行。

二、大力发展农业服务业促进农业经济转型

（一）发展农业服务业是促进黑龙江省农业经济转型发展的关键
因素

农业作为一个完整的产业，应当是生产、加工、流通等环节紧密联系在一起
所形成的产业体系。在农业发达国家，农业早已不是指单纯的农产品生产，而是
指包括农产品加工和流通在内的完整产业体系。因此，完整的农业产业结构不仅
应当包括农产品生产结构，还应当包括农产品生产、加工、流通之间的比例关系。
目前黑龙江省农业的发展还没有摆脱单一的农产品生产的理念，农业生产与农产
品的加工和流通脱节，没有形成一个完整的产业体系，产业化发展速度较慢。因
此，解决农业产业结构问题，延长和完善产业链条，逐步建立农产品生产、加工
和流通等环节连成一体、协调运转的农业产业体系，也是黑龙江省农业产业结构
战略性调整的一项重要内容。

而要解决这一问题，大力发展农业服务业，尤其是农、林、牧、渔服务业就
显得尤为重要。农业服务业主要是围绕发展农业产业提供的服务，包括良种服务、
植保统防统治服务、机械化服务、农业信息化服务、农村金融服务、物流配送服
务等内容。现代农业服务业在提高农业综合生产能力中的地位和作用日益突出，
它是各要素的"黏合剂"，能够把各种要素有机地组合在一起，形成特定的生产
能力。作为"软性"生产资料，农业服务业不仅是农业综合生产能力建设的重要
内容，也是促进农业经济转型发展的一个重要切入点。

（二）发展农业服务业是促进黑龙江省农业经济发展的主要依据

第一产业的基础地位主要表现为为全社会提供粮食和其他农产品，为第二产
业、第三产业提供原材料。黑龙江省农业基础是比较好的，这可以从上面的分析
中判断出，即虽然黑龙江省第一产业的产值比重较小但是单位产值增加对经济增
长的贡献却比较大，这说明黑龙江省的第一产业还是具有比较明显的规模经济优
势，具有较好的发展基础的，这就为农业服务业的发展提供了前提条件。

我们面对的是具有相当发展程度的第一产业，要解决的是如何做精做强的问
题，而不是从无到有的问题。因此，黑龙江省第一产业的发展为黑龙江省农业服
务业的快速发展提供了条件。

（三）发展农业服务业对促进黑龙江省农业经济发展的重要意义

发展农业服务业有利于促进黑龙江省农村地区经济的增长，协调城乡发展，

构建和谐社会。中共十七届三中全会对当前和今后一个时期推进农村改革发展做出了部署，党的十九大报告提出到 2020 年要全面建成小康社会，为此保供给、保增收、保小康就是 2020 年农村工作的重点。保供给，务必保障粮食、生猪等重要农产品生产稳定、有效供给；保增收，保障农民增收势头不减弱、趋势不逆转，农民收入持续较快增长；保小康，坚决打赢脱贫攻坚战，加快补上农村基础设施和公共服务短板，使广大农民同步迈入小康社会。

扩大内需，最大潜力在农村；实现经济平稳较快发展，基础支撑在农业；保障和改善民生，重点难点在农民。当前是黑龙江社会主义新农村建设的关键时期，社会主义新农村建设要求农业生产不断转向专业化、社会化、产业化和市场化。加快发展农业服务业，通过服务业提高整个农业的附加值，创造更多的机会，对于优化农村特别是以农村为基础的小城镇经济结构，带动农村经济快速发展，缩小城乡差距，协调城乡的发展具有重要的现实意义。

第八章　提升黑龙江省绿色食品竞争力发展现代农业服务业的对策研究

第一节　国内外绿色食品产业农业服务业发展经验及对黑龙江省的启示

虽然由于体制和历史等原因，黑龙江省农业服务业的发展状况与农业的需要还相差甚远，其服务功能、目标、组织结构等方面有待完善。发达国家的成功经验表明，农业发展均得益于发达的农业服务业；发展农业服务业是现代农业发展的普遍要求，是世界农业发展的共同趋势。因此，深入研究发达国家的农业服务业的发展将为我们提供值得借鉴的成功经验。同时，我们也选取了国内农业服务业较发达省份——山东省和陕西省，其农业服务业的发展也给黑龙江省提供了借鉴和指导。

一、国外农业服务业的发展及创新

我们首先研究国外农业服务业的发展状况。在这里，我们选取国土面积辽阔的美国和国土面积比较狭小的欧洲国家分别进行研究。因为相对来说，这些国家的农业服务业均比较发达，无论是农业服务业的数量还是种类都供给丰富，这是农业发展的重要保障，而我们的农业服务业相对欠发达，供给不足，因此，我们将重点探讨这些国家农业服务业的供给组织形式。

（一）美国农业服务业的发展及创新

美国是当今世界农业最发达的国家，也是世界上唯一的人均粮食年产量超过1吨的国家，是最大的粮食出口国。除其得天独厚的自然条件外，其发达的农业服务业也是促进美国农业持续稳定发展的重要保障。

1. 美国农业的特点

1）世界领先水平的农业现代化和农业生产率

随着工业的发展，农业在美国经济中的比重逐渐下降，但政府对农业采取了支持和保护的政策，使美国农业在世界上依然具有最强大的竞争力，其生产量名列世界前列的主要产品有谷物、家禽、猪牛肉、奶类等。2011年美国农产品出口总额达1052亿美元，出口收入占所有农产品现金收入的1/4。

2）以高度商业化的家庭农场为基础

2011年美国约有204万个农场，其平均规模为193.4公顷；农业劳动力有200多万人，占全国劳动力总数的2%左右；小型农场的数量超过90%，占整个农业资产的70%。2011年"公司农场"的数量在不断上升，大约有7万多个，虽然数量不多，其面积和销售额在美国农场中所占的比例却较大。

3）农业生产高度区域化和一体化

1914年，美国农业就在很大程度上实现了种植专业化，农业产销实现"从田间到餐桌"的一体化。美国的农业体系被称作"农工综合企业"，就业人数占全国劳动力的17%，大大高于农业本身所能吸收的劳动力。

美国农业协会是一个农民自发组织，成立于1919年，至今已有100多年的历史。2019年有600万名会员，主要是农民（全国有80%的个体农民参加该协会）和与农业有关或对农业感兴趣的小型生产商或个人。美国农业协会代表农户到国会游说，力争使联邦政府支持农户的建议。该协会是非政府组成部门，无政府经费资助，日常开销依靠会员缴纳的会费维持。

2. 美国农业服务业的创新发展

美国专业化的农业服务是由"政府和大学合作的组织模式"来进行供给的，下面具体来进行说明。

1）农业技术研究体系

农业技术研究体系主要包括三部分：联邦农业部研究机构、各赠地大学的农业科研机构和私人企业科研机构，其主要职能是探索农业科学技术的规律，发现并解决农业技术问题，进一步改善农业技术的手段和方法。

（1）联邦农业研究机构。联邦农业研究机构由农业部农业研究局、经济研究局、林业局组成，其中农业部起着主要作用。农业部在全国设有8个农业科研中心，这8个科研中心又分别在全国不同生态区设有105个地区研究站。农业科研中心（Agricultural Research Service，ARS）只研究全国性的、跨地区的基础性农业科研项目。根据地区作物的不同，其研究内容各有侧重，如设在中北部的研究中心主要研究谷物和油料作物，东北部的研究中心主要研究动物油脂、奶品、肉和皮革，而南部的研究中心主要研究棉花和甘蔗，西部的研究中心主要研究水果、家禽和羊毛。地区研究站从事的研究问题比较专门和单一，例如，西部几个州从事灌溉和放牧的研究，其他地方从事动植物育种、病虫害防治、生态保持等研究。研究成果由转化办公室负责转化（魏勤芳，2005）。

（2）赠地大学的农业科研机构。农业技术研究也是各赠地大学工作中不可缺少的重要组成部分。农学院下设科研与教育中心（或称农业实验站）及若干示范点作为其主要的科研部门，农学院的教授都必须承担不同比例的教学、科研和推广工作，农学院的教师有 1/3～1/2 要参加试验站的研究工作（周建华和尤玉平，2004）。这些科研机构经费充足，其农业科研主要为该校负责的区域服务（魏勤芳，2005）。

（3）私人企业科研机构。除了联邦农业研究机构和赠地大学的农业科研机构，美国的私人企业投入农业技术科研的力量也很大。全国有数百家与农业有关的厂商从事研究工作，特别是大型种子公司、农业机械公司、农业化学公司和食品公司大都设有研究中心、实验室或试验站，主要从事农业技术开发、新产品试制方面的研究。这些私人企业有优越的工作环境、先进的设备、雄厚的资金，以及强大的科研能力，在商业利益的驱动下，会自动大量吸收大学及其他公共研究机构的研究成果，将其转变成实用新产品。这些企业拉动了农业科技的需求，大约社会上 60% 的农业科研成果被这些企业吸收，并形成了巨大的生产力（魏勤芳，2005）。

同时，美国政府还为农业技术专利与农业技术转让建立了完善的制度和法律法规体系，以保护知识产权（陈一斌和陈和平，2009）。

2）农业技术教育体系

美国的农业技术教育体系为农业技术的研发、推广、应用及创新培育了高素质的人才队伍，为农业的高水平发展建立了人才储备。它的主要职能是提供正规教育，传授农业技术知识，解决农业技术问题，培养农业技术人才。

美国农业技术教育工作主要是由各州立大学的农学院和各农民联合会等组织来承担，教学工作主要设在农学院本部（魏勤芳，2005）。各州立大学的农学院试验站中有约 60% 以上的专业人员兼任农学院的教学工作，这有利于农民了解最新的农业技术知识（周建华和尤玉平，2004）。

3）农业推广服务体系

农业推广服务体系主要由联邦农技推广局、州农技推广站和县农技推广办公室、县推广理事会组成的合作推广服务组织推动。州农技推广站为该体系的核心，其主要职能是向农民传播和普及各种农业科学知识和技术。

联邦农技推广局是联邦农业部的下设机构，负责管理、协调全国农业推广工作。该推广局的专家从事农业、家政、青年、自然资源、农村和社区等领域的研究和推广工作。该推广局的主要任务是确保在全国范围内建立一个有效的推广体系，并以先进的知识、良好的教育和实际的项目满足人民的需要，从而体现联邦政府的利益和政策。

州农技推广站是整个推广体系的核心。美国的 50 个州及哥伦比亚特区、波多黎各、关岛及维尔京群岛都各设有一个州级农技推广站，隶属于州立大学，站长由州立大学农学院院长兼任。农学院设有专门的推广委员会，每个推广委员会在从事农业教育、科研的同时，兼任推广员的角色。州推广站的任务包括：制定、组织和实施州农业推广计划；选择、培训县农业推广服务人员；向县推广人员提供技术、信息等服务。

县农技推广办公室和县推广理事会共同承担县级农业推广服务工作。县推广理事会根据州农技推广站与各县签订的农业推广协议而设立。县农技推广办公室是州农技推广站的派出机构，由专业人员、秘书和乡村领导人组成。州立大学在各县设立的推广机构和研究机构的管理体制如下：人、财、物由大学统一管理，工作任务由州立大学统一安排，推广机构对州立大学负责，为所在县提供技术服务，人员实行轮换制。推广员一般具有硕士学位，以教育者的身份，一方面将最新的科技成果及时传授给农民，帮助农民诊断农场经营中的问题及寻找相应对策；另一方面又把生产中出现的问题及时反馈到农学院，以便农学院有目的地开展农业科学研究和教学。县农业推广服务机构的任务包括：诊断农场经营中的问题，帮助农民寻找解决办法；加强农资购买、生产、销售合作，保护农民利益；向农民提供信息、咨询服务，使农民了解其利益环境的变化，并帮助农民寻找相应对策（常富德和刘珍琴，2004）。

农业推广服务基本是免费的，农民主要通过以下四种方式获得服务：一是农技人员的现场指导和咨询服务；二是对农户开展的技术培训，培训一般在春秋两季农闲时集中进行；三是互联网发布的技术信息和咨询；四是农技推广示范户。另外，联网的计算机系统、州推广站的电视台和广播站、卫星定位系统也为农户提供了各种农业技术信息（张华建等，2003）。

（二）欧洲国家农业服务业的发展及创新

欧洲发达国家的农业生产技术水平、农业劳动生产率等都居于世界前列，其农业服务业也是相当发达的。从总体上看，服务的种类、数目、组织结构都是比较完善的。

1. 德国

为了促进农业的发展，德国实施了以政府农业部门为主导的提供农业服务的组织形式。例如，德国的农业推广咨询组织由农业行政机构领导和管理，共分为四级：①联邦政府的农业营养部；②州政府的农业营养部；③地区农业局、农村发展研究所、畜牧教学科研实验站；④县农业局。它们的主要任务是进行农业行政管理、成人培训、职业教育和农业推广咨询（郭玉山和王森，2002）。以畜牧业的兽医服务为例。在联邦政府一级，食品农业部和卫生部都设有兽医局，各自分工明确，并共同设立了兽医研究中心，包括病毒研究所、动物传染病研究所、动物健康研究所和兽用药品研究所。州一级也设立了兽医机构，下设负责检疫、检验、出具检测报告作为处罚依据（自身无行政处罚权）工作的化学与兽医检验局，以及挂靠兽医检验局的民办动物疫病保险处（或称基金会）。另外，区（地区）、县（市）两级也均设有兽医机构（袁日进，2009）。

2. 法国

法国提供农业服务的组织形式的特点是公立和私立机构并存，各有侧重。公立机构主要负责农业基础性研究、农业教育及对农业推广服务工作的扶持，而私立机构侧重于农业应用技术的研究、农业技术教育及直接的农业推广服务工作。

1）农业技术研究体系

法国的农业研究机构分为私立和公立两种。私立的研究机构隶属大型企业集团或合作社，主要从事农业应用技术的研究。而公立的农业科技研究工作则由法国农业部与科技部负责组织和管理。农业科技的基础研究主要集中在法国国家农业科学研究院，法国农业机械、乡村土建、水利及林业中心，食品卫生安全署和海洋开发研究中心四大农业科研机构。法国国家农业科学研究院是全国最大的农业科研机构，也是法国农业领域中唯一从事科学研究的公立机关。法国国家农业科学研究院设置了17个研究部作为组织科研活动的实体机构，下辖260个研究团体。此外，该院还在全国各地设有区域研究中心，负责调查研究全国水土和农业资源，为各地的农业经营提出建议，改良各种作物和家畜品种，培育优良品种，研究农产品的加工和保存技术、生物技术，研究农业资源的合理利用和保护等。中心主任兼任本中心科学委员会和管理委员会主席的职务，还兼任地区代表职务。各区域研究中心不仅包括80多个实验室、实验站，还设有130个公共服务单位（许世卫和李哲敏，2005）。

法国在农业领域按专业区分共有16个研究中心，如水果蔬菜研究中心、粮食研究中心、园艺研究中心、油料作物研究中心等。研究中心的主要任务是将国家基础研究成果进行技术开发，并对农民和企业进行技术支持，在农业技术创新和成果推广方面扮演主要角色（王望，2007）。

2）农业技术教育体系

法国在第二次世界大战后构建了一个科学完备的初、中、高三级农业技术人才教育体系，包括中等农业职业技术教育、高等农业教育和农民成人教育三大部分（黄莉莉和史占中，2006）。法国的农业教育同样也是公立和私立教育兼具，其中高等农业教育以公立为主，而农业技校以私立为主。2007年法国共有各类农业院校30所，其中公立院校27所，私立院校3所，在校学生11 200名；全国共有农业技校858所，私立技校642所，公立技校216所，技校学生共达17万人。

除正规教育外，法国还大力发展职业教育和成人培训，职业培训深入到农场和企业。这些学校根据每个农场或食品加工企业的发展目标和每个学员的具体情况制订培训方案，部分课程在学校上，部分课程在企业进行，教员甚至登门到家授课。法国的农业教育集技术员、高级技术员、工程师和管理人员的培训于一体，使农业生产者能够利用先进的生物农业科研成果。另外，法国还有一系列科学的咨询机构及农业协会，也能及时帮助农民解决实际问题（王望，2007）。

3）农业推广服务体系

法国的农业推广服务组织比较健全，中央一级设有"全国农业发展协会"，其理事会由政府代表和行业代表各半组成，资助纳入国家计划的推广活动。省一级设有"技术推广委员会"，具体的技术工作由各省农业发展协会的技术顾问负责。县区一级有农场主自愿组成的农业推广服务组织，专门从事农业推广服务工作。农业推广服务最重要的环节是隶属于"农业技术协调协会"的各专业技术研究所和技术中心，它们在对科研成果进行适应本地区的中间试验后，通过各省农业发展协会的技术顾问或农场主把科研成果推广出去。这些专业技术研究所和技术中心的工作具有承上启下的作用，是中央和地方、基础研究和应用研究、科研和推广、科研和生产紧密结合的重要渠道。

法国的农业推广服务和服务体系有4个层次。①法国成果推广署。该推广署20%的经费来自政府，20%来自农业产品税，15%为农业机构特别是合作社的分摊额，25%为农业企业服务费，5%为农业工作者分摊额，15%为对无建筑物的土地所征税金。其主要工作方式是：对技术转让项目提供无息贷款（50%），待项目成功时偿还；为企业雇用高级专家，并负担技术转让期间专家的工资和社会福利费用；免费培训青年企业家，尤其鼓励年轻科技人员创办企业，对企业的研究和开发活动给予资助等。②农业发展署。它是由农业行会和政府代表共同管理的企业性协会，其主要任务是进行科普宣传，培训农业工作者和科普工程师，促进企业农业行会和研究单位的合作，对地方农业的发展提出建议等。③法国农业研究单位和专业技术中心。在农业部的资助下，它们有自己的技术推广和服务队伍，从事技术开发活动。④协会。2007年法国有15个国家级农业生产协会，11个农产品加工协会。其分会遍及全国，深入到农业发展的各个环节，其任务主要是维护农业工作者的利益，进行技术推广和技术服务工作（王望，2007）。

3. 荷兰

荷兰提供农业服务的组织形式的特点在于政府与各类合作组织及私人企业之间进行分工合作。近些年来，荷兰的农业服务业组织形式的私有化趋势明显，农民协会和私人企业发挥着越来越重要的作用，政府则充当扶持辅助的角色。

1）农业技术研究体系

荷兰的科研机构逐渐向企业化、私营化的方向转变，农业技术研究主要依托大学、研究所、农业实验站、区域研究中心及企业等机构，政府则主要为公益性的研究提供支持。

基础性战略研究及实际研究主要由瓦赫宁根大学和乌得勒支大学兽医学院等著名科研院所与学校负责，这类研究机构只有 50% 的经费来源于政府，其余经费则来源于农业企业等其他渠道。瓦赫宁根大学及研究中心（Wageningen University and Research Center）由 9 个研究所与 2 所大学合并组建，同时还成立了瓦赫宁根农业研究中心和农业研究基金会，重点从事植物科学、动物科学、食品科学、农业环境与系统科学、社会科学、环境科学等学科的研究，是荷兰农业知识创新系统的核心力量。该中心下属的研究所、试验站和遍布全国的地区级试验站、实验农场则从事应用性开发研究活动，将解决十分重要的实际问题，如植物病理、土壤、畜牧、农机、农产品加工等（许世卫和李哲敏，2005）。此外，荷兰农渔部下属的 20～25 个研究所及 37 个专业研究机构主要从事涉及植物病理学、土壤科学、畜牧学、机械化、销售和加工等多学科的应用研究（张玉等，2007）。

除了大学等研究机构，企业也是农业技术研究工作的重要组成部分。企业科研机构由 20 多个大型公司组成，负责将研究成果投入生产，解决实际问题，如荷兰乳品研究所、荷兰实用技术研究所、甜菜研究所、荷兰肥料研究所等（张玉等，2007）。

2）农业技术教育体系

荷兰农渔部主要负责组织农业教育工作，每年将预算的 1/3 作为农业教育的投入，通过资助地方和私人的方式兴办农业技术学校（张玉等，2007）。荷兰的农业教育体系包括初等教育、中等教育、高等教育和大学四个层次。初等教育主要提供农业基础教育，学制四年，学习内容为与农业相关的各种职业技能。每个年轻农民都必须接受初等农业教育，只有从初等农业学校毕业才能取得在农场或农业企业中就业的资格。初等农业教育结业后，学生可选择进入中等农业学校学习，学制为 2～4 年。只有从中等农业学院毕业并经过一定时间的劳动实践，才能够具有独立开办农场的资格。高等农业教学由农业学院承担，内容涉及农业经营、研究和农业组织等，一般要学习 4～5 年，学生毕业后可获得相当于其他专业的学士学位。大学农业教育由瓦赫宁根大学承担，学制一般为 5～6 年，毕业后可获得相当于其他专业的硕士学位，再继续深造 4 年可获得博士学位。此外，荷兰的农业职业教育和技术培训也全面覆盖了农村，农民之间还自发地组织起来，举办技术交流活动（张艳莉和王雅文，2007）。

3）农业推广服务体系

荷兰的公益性农业推广与服务工作由农业部资助，一般面向全体农民；而使农民直接获利的推广服务工作则由农业企业和农民合作组织承担。

政府农业推广服务系统由农渔部领导，下设技术推广局，负责开展农场种养结构研究，尤其是同生态经营相关的咨询，改善农场经营管理质量，促进研究与应用信息交流，以及向农民宣传国家政策法规。农渔部的园艺局和畜牧局设有畜牧信息中心和园艺信息中心，为推广、科研及政策部门收集各种数据和信息。另外，农渔部在12个省份设有农业政策办公室，每个办公室由推广官员、行业工程师及从事劳动力规划、土地发展、植保等方面的人员组成，聘请专家工作，负责政策的传达及反馈（张玉等，2007）。

近年来，农业推广服务的日常工作已经由农业合作组织组织实施，政府主要通过资金支持参与农业推广服务的日常工作。合作社具有专业化、不以营利为目的的特点，为各自的成员提供各类服务，涉及的领域包括谷物、蔬菜、家禽、花卉等，涉及的生产服务包括种子、肥料、饲料的供应，以及农产品的存储和销售、农业机械的使用、农业生产管理、农业贷款等。农协自身也创办农业技术服务研究所和试验农场等，为农民提供最新的技术服务。

除此之外，专业化的农业咨询公司、农业生产资料公司等私人企业作为农业推广服务的主体之一也为农民提供专业的咨询和高科技的农业技术。由于现代农业生产的专业性越来越强，农民对具有高附加值的花卉和蔬菜等的复杂生产技术需求日益增加。这些农业企业通过有偿的方式不断向农民提供高质量的新技术，如设计温室及控制温室温度和供水的电脑系统等。这既提高了农产品的竞争力，又为企业获得了继续发展的资金和动力，使企业和农民实现双赢。另外，各类生产资料公司，如种子、种苗、农药、化肥、饲料、农业机械等公司，在销售生产资料的同时也向农民提供相关的技术信息，实现了农业生产技术和信息的传递。以赛贝科公司为例，该公司占到了荷兰生产资料市场50%的份额，在销售的同时，它还向消费者和会员提供有关的技术信息，如所售种子的栽培技术及特征、特性，某种农药的施用量和施用时间等（封岩，1997）。

二、国内相关省（自治区、直辖市）农业服务业的发展

相对来说我国整体农业劳动生产率比较低，农业服务业的数量和质量还都有待提高，但也取得了一定的发展。

（一）山东省

1. 加强产前团购和技术培训服务

优良品种及相关化肥、农药、饲料等专用生产资料的选购在农户的生产经营过程中占有相当重要的地位，且由农业生产和农产品的特性所决定。无论是在生产技术还是生产要素的购买上，分散的小农户在市场中都处于不利的地位。农民通过自愿联合组成合作社，从而使分散的个人能联合起来组成自助的团体。在新

品种或农业投入品的集体购买等交易环节上的联合，既可以降低单位农用投入品的购买成本，又可以相对保证产品质量。

山东省武城县农民科技信息服务协会为农民朋友提供良种、农药化肥等农业生产资料的"团购直购"服务，通过集体向厂家直购，和市场价格相比可节省10%。

2. 提供产中技术指导服务

由于农民专业协会最初大都是以农民对先进、实用技术的迫切需求为基础而建立，所以它们所推广、普及的农业技术都是以农产品市场为导向，以市场需求为出发点的，特别注重技术的实用性和适用性。为了弥补自身技术知识的不足，许多农民专业协会都与大专院校和科研单位建立了紧密的业务联系。它们一方面聘请相关单位的专家作为自己的技术顾问，邀请他们定期前来授课、指导；另一方面还积极配合这些单位开展新技术和新成果的试验、推广工作，从而构成了上联大专院校、科研单位，下通千百万农户的农业科技传播渠道，使最新的农业科技成果能够以最快的速度、最便捷的方式和最低的成本传递到农民手中，从而大大提高了科技成果的转化率，加快了科学技术转化为生产力的速度。

山东省聊城市高唐县汇鑫街道办事处于2004年组建苗木合作社，合作社以农民中的科技能人和科技示范户为核心建立起来，这些人在农民中拥有较高威望，他们的成功可以对周边农户起到良好的示范效应，由此也大大加快了创新技术的普及推广速度。

3. 农业服务业供给组织形式上的创新

1）山东省实施了"农业产业化龙头企业与农户联结"的模式

山东省高唐蓝山集团总公司是一家综合性的食品加工企业，公司规模很大，产品很多，涉及粮油食品加工、大豆分离蛋白、禽畜养殖、屠宰与肉制品加工、饲料加工、房地产开发等行业，而且享有自营进出口权，是国家级的农业产业化重点龙头企业。公司实行的是"公司+基地+农户"的产业化发展模式，由于公司的业务既涉及种植也涉及养殖，所以种植和养殖的各个环节都在为农民的社会化服务。具体来讲，在种植业方面，从提供种苗到最后的收购，山东省高唐蓝山集团总公司都会派专业技术人员进行授课和指导。在技术推广方面，该公司和其他公司基本上一样，都是对农户进行无偿的技术指导，当然这种服务只针对自己基地的农户。在养殖业方面，公司向基地的农户提供优良种畜禽、饲料、饲养技术指导，以及统一的防疫、畜禽销售、屠宰、畜禽产品运输和加工等一系列服务。在费用方面，公司提供的技术性服务都不收取费用，但是对实物如种子、农药、肥料等原材料收取一定的费用。通过上述服务，龙头企业和农户之间的联系更加紧密，农户的违约率也大大降低。

2）注重吸纳和发挥民间资本加入

山东省武城县宏华农技推广服务中心是一个民营的农业生产资料供应商，其老板周宏华已六十多岁，早在 1976 年他就是乡农技站的技术员，20 世纪 80 年代末下海经商，1990 年在该县一个镇上开办了农资供应站。20 世纪 90 年代末期，他逐渐发现农资产品销售以外的服务的重要性，于是逐步加大了咨询、指导等服务在农资供应中的分量，这使得 2000 年前后的农资供应站销售量大大上升。于是，2001 年他正式投资 40 万元设立了现在的农技推广服务中心。这个服务中心的特色是以咨询服务为先导，依靠农民对其的信任提供农业生产资料。目前主要销售化肥、农药、种子、地膜等，与其他农资供应商店相似，但是其咨询服务是武城县做得最好的。2001 年，它有专门的技术咨询员 8 个，县级销售点销售人员 15 人，在武城县 390 多个村都建有服务站；还拥有自己的农资储备仓库，从厂家的订货直接拉到仓库，并与很多厂家建立了联系，聘请厂家的专家为农民传授技术，并会同科协、农资生产公司等举办规模较大的农业技术咨询服务和产品推介会，每年约有两次，效果良好。

（二）陕西省

1. 注重产前、产中服务

陕西省礼泉县果农协会成立于 1991 年，该协会与该县的礼泉德隆农用化工有限公司是多年的合作伙伴。该公司主要经营无公害农药，以连锁店的形式运营。该公司和协会建立合作关系，在该协会各个分会设立连锁店，每次对会员进行培训、防治病虫害指导的时候都会向会员提供相应的农药配方，并在各个分点供应农药。会员到各个点购买农药既能购买质量保证的产品，又可以享受批发价的优惠，而且可以赊账。

陕西省富平县周家坡苹果产业化协会成立于 2002 年，截至 2012 年有会员 1600 多人，拥有 2000 多亩果园基地。该协会和西北农林科技大学的专家建立了长期的合作关系，协会向专家们提供品种的试验基地，接受专家培训后的协会技术人员免费向会员提供田间地头的技术指导。

2. 加强产后销售和加工服务

在农业和农村经济结构的调整中，仅仅依靠农业内部产品结构的调整、品种质量的提升、区域布局的规划，不可能从根本上解决农民增收问题。我国农业发展新阶段的大背景是改革开放以来国民经济的持续、高速增长，人民的生活水平、购买力水平普遍提高，消费需求日益多样化。与此同时，农副产品加工技术及加工方式不断发展，从田头到餐桌的食品链条越来越长，环节越来越多，初级产品所占份额越来越小，流通、加工增值部分所占份额越来越大。在这种形势下，广大农民（初级产品生产者）通过合作经济组织提供的产后服务，获取或分享了第二产业和第三产业的增值利润，保障了入社农民的经济利益。

陕西省渭南市富平县洋阳柿饼专业合作社是以农资供应、农技咨询、柿饼的食品加工为主要业务的农民专业合作组织。该合作社收购会员的新鲜柿子，然后采用比较先进的方法将其深加工成为柿饼，并申请注册了"洋阳"牌商标。为了简化产品流通过程中的层层附加值，使农户的产品能够保值保质地打入当地市场，合作社采取了超市和批发网点的直接销售渠道，并将自身品牌产品直接运到超市实现了直销经营。

3. 农业服务业供给组织形式上的创新

陕西省农业服务业供给组织形式上的创新主要有三种模式。

1）"公司+合作社（协会）+基地+农户"模式

由于龙头企业与农户是不同的利益主体，龙头企业少，竞争不充分，极易形成价格垄断，挤压农民的增收空间，而单个小农户与企业相比明显处于弱势地位，所以从长远来看，应该提高农民自身的组织化程度，建立真正代表农民自己利益的经济合作组织，形成"公司（龙头企业）+合作社（协会）+农户"的经营模式，这是农民在市场竞争中联合起来与龙头企业和中间商平衡利益关系的必由之路。此模式下的农业社会化服务由农民自己成立的合作社（或专业协会）通过与企业达成一致来提供，由于提供方是农民自己的组织，农民采纳新技术、对信息的信任度等都比原来的"公司+基地+农户"模式下要好得多。事实证明，在此模式下，农户的违约率也大大降低，企业直接和合作社打交道，大大降低了交易成本。

陕西红星美羚乳业股份有限公司是省市级重点龙头企业，成立于1998年。2007年9月20日，该公司支持成立了富平县美羚奶山羊专业合作社，公司是主要股东和发起人。成立合作社后，企业就可以专注于乳品加工，节约了与农民打交道的成本，通过合作社来组织引导奶户的生产。合作社的理事长由社员共同选举产生，目前由一名奶业方面的专家担任。在对签约农户的社会化服务方面，企业做得非常到位，和大专院校有一定的联系，对于基地和非基地的农户都进行免费技术指导。通过合作社，企业与农户的关系很稳定，2012年有2.5万户签约农户，农户的违约率也很低，只有0.1%。

2）"公司+政府机构+基地+农户"模式

政府部门有着优厚的组织和技术资源，企业在提供农业社会化服务的过程中，可以与政府部门达成一致，利用政府部门的组织资源向农户提供生产上的社会化服务，这样也可以降低企业与农民的交易成本。

陕西子祺食品集团有限公司是一家生产糕点的食品企业，是国家民族事务委员会重点扶持的企业。该企业的经营模式是"企业+乡（镇）农技站+基地+农户"，企业和各乡镇的农技站有密切的联系，农民同乡镇农技站签订收购合同，合同中规定了收购原料的价格和数量，由农技站负责派人到农户生产基地上进行技术指导，企业向农技人员提供一定的支持，如提供聘请费用等，到了收购季节企业派人到乡镇的基地进行现场收购，农户提供的产品也必须达到国家收购的一级标准，在合同上还有双方签订的违约责任。由于农技站的性质是以为农民服务为主，所以和农民打交道的过程比较顺利，企业也利用了这一便利，节省了很多与农民进行协调的交易成本。此外，企业还会向困难农户提供一些生产资料，通过农技站给予支持，如化肥等。在这种模式中农户的违约率也较低，只有3%左右。

3）"公司+村委会+基地+农户"模式

由于村民委员会（以下简称村委会）是农民自己选举出来的自治性组织，而且村委会对农民的生产和生活情况也最为了解，与企业直接和农民打交道相比，通过村委会作为中介为农民提供社会化服务可以节约企业的交易费用，农民对村委会也比较信任，有利于新技术的推广和信息的沟通。另外，对于农民的生产过程也可以起到很好的监督作用。

陕西富安果汁有限公司采用"公司+村委会+基地+农户"的模式。公司通过村委会为果农提供从苹果的剪枝到病虫害防治、有机肥和有机农药的使用、疏花疏果及水果套袋等方面的全程指导，并且不收取任何费用。企业认为生产基地是苹果综合加工企业的第一车间，是提供高品质原料的重要保证和企业发展的坚实基础。企业推荐的服务项目还有"五个一"工程，即每片果园培养一名技术员，打一眼水井，采取一种节水保墒措施，每户果农修建一栋圈（舍）并每亩养殖一头猪或50只鸡，建一座果库。公司在基地建设方面实行"三定向"（即定向开发、定向服务、定向收购）、"五统一"（即统一种苗、统一种植、统一生产管理、统一病虫害防治、统一收购）的模式，以市场为导向，努力引导果农提高优质果率，提高苹果的商品化程度和市场意识。公司通过村委会与基地果农签订协议，安排专业技术人员对果农进行全程技术指导和定期培训。公司聘有数位专业农技推广人员，按高级技术人员待遇对待，他们在工厂办公并且定期走访果农给予果农技术指导和培训。通过同村委会合作，企业实现了和广大农民的对接，推行的社会化服务也很有特色。

三、对黑龙江省的启示

虽然存在资源禀赋、经济发展水平、人员素质等方面的差距，不能照搬其他国家或者国内相关省（自治区、直辖市）农业服务业的发展模式，但它们的成功经验对于改革和完善黑龙江省农业服务业体系，建立健全管理体制、组织结构、运行机制、方法和途径等都具有重要的启示。

（一）重视农业服务业在农业和农村经济发展中的作用

欧美发达国家的农业现代化已经发展到了极高的水平，这与其完善和健全的农业服务业体系是分不开的。农业服务业体系将小农户与大市场联系了起来，大大提高了其农业生产力，促进了农村经济的发展，加速了农业现代化的进程。

黑龙江省农业目前正处于由传统农业向现代农业转变的关键阶段，农业正在由粗放型增长方式向集约型增长方式转变，面临着分散的小农家庭经营与统一的大市场的矛盾。而提高农民的素质，增加农民收入，提升农业的综合水平和竞争力，建设农业社会化服务体系正是解决这一矛盾的关键切入点。作为农户家庭微观经济与社会宏观经济的中介，农业服务业能协调家庭小规模生产与现代化大生产的矛盾，提供优质高效的农资和技术服务；同时也能节省农民的劳动时间，提高农业生产效率，增加农产品附加值，使农业发展得以持续增长，实现农业高产、优质、高效的目标，为小生产走向大市场提供载体。因此，政府应高度重视农业服务业的发展，将其作为建设农业现代化和发展农村经济的重点。

（二）加强政府在农业服务业发展中的参与和支持

农村地区社会资源非常稀缺，在缺少资金和专业人员的情况下，政府的支持就显得尤为重要。纵观欧美发达国家农业服务业的发展，政府发挥着重要的作用。政府部门职能明确，主要负责具有基础性、探索性、前瞻性、难以很快产生经济回报的农业研究项目，发展公益性的农业教育与职业教育，为农民提供科技、资金、信息和基础设施等服务，以及推广难度大、投资大、风险大、社会生态效益好而经济效益不显著的农业技术服务，政府通过财政上的支持、政策上的扶持来保障农业社会化服务体系的运行。这种行政等级的社会化服务体系能够降低成本，增强组织协调性，提高管理效率，有利于普及服务。

黑龙江省农业服务业体系是由政府主导的系统，机构设置重叠导致职能交叉，影响服务效果。从运行体制上看，黑龙江省的农业社会化服务体系是典型的科层制，有省、市、县、乡等多层次，但现行的法律还没有明确界定各层次的职能，致使缺乏核心的层级，公共资源的配置分散。借鉴外国经验，政府应该调整结构，健全体制，明确各级农业社会化服务层次的职能，大力发展县乡两级农业社会化服务。在职能选择上，政府部门应当强化公益性服务职能，重点负责关系国计民生的、基础性的、适用性较强的、需求导向型的农业社会化服务项目。在保障机制方面，国家财政应当作为经费的重要来源。同时还应制定相关的法律法规等，以提高农业社会化服务体系的合法性，为农业社会化服务体系提供政策保障和政策支撑，创造公平竞争的环境。

（三）发展多元化的农业服务业供给主体

从发达国家及国内相关省（自治区、直辖市）农业服务业的发展模式可以看出，虽然不同国家的农业社会化服务体系的模式不同，但均引入了多元化的主体，不仅建立了政府的服务体系，还建立了以合作社、企业等为主体的农业服务体系，以及依托各类农业院校的农业人才培养与服务体系。这些服务体系弥补了政府公益性服务的不足，扩大了服务范围，增加了服务的渠道和种类，提高了服务的效率。目前黑龙江省的农业服务体系以政府为主，合作社的发展尚处于起步阶段，企业的科研及服务也很有局限性且作用的范围不大，而有关的科研机构和高等院校的研究成果也缺乏适用性，成果的转化率较低。

借鉴欧美发达国家的经验，在发挥国家农业部门职能的同时，应当鼓励多种性质的农业社会化服务组织和机构的发展。大力发展农业合作组织，为社员提供产前、产后和产中的社会化服务。同时还应该加强政府与企业、科研机构和高等院校在农业社会化服务中的应用性研究、农业教育及农业推广与服务中的合作。发展多样化的组织形式，运用现代化的服务手段，拓宽服务领域，延伸产业链：由单一地提供产中技术服务拓展延伸至产前的信息、农资和农机服务，以及产后的储藏、运输、加工、销售等方面。扩展服务内容，从技术推广拓展到信息、管理技能、物资供应、决策咨询等，逐步形成国家扶持和市场引导相结合、有偿服务与无偿服务相结合的新型农业社会化服务体系。

（四）重视金融及教育培训服务

金融体系是经济发展的动脉。国外很多国家的农协不仅能有效利用农村金融体系，而且一开始就把金融部门纳入自己的服务体系里。黑龙江省农村金融体系尚未完善，因此大多数农户和合作社都面临着资金不足问题。农村信用合作社是农村唯一的正规金融机构，虽然它的宗旨是为农民服务，但实际上它的主要目标客户并不是农户或社员，而是一些收益率比较高的地方性企业。荷兰农协不仅向农民或者社员提供低利率的贷款，而且在合作社开展项目时，可以为其解决内部的资金需求问题。这种经济部门和金融部门结合的经营体系非常适合金融市场并不发达的农村地区。

新农业技能和农业新知识可以成为农业发展的主要源泉。农民本来是比较保守的群体，因此其不会轻易接受新的制度和技术，这也是与城市相比农村发展相对缓慢的主要原因之一。在农村城镇化与农村劳动力转移过程中，黑龙江省农村已开始出现人力资本流失问题，人力资本流失不仅影响生产力，而且不利于合作社的发展。因此，对农民进行培训、教育，提升其技术素质也是发展农业服务业的一项非常重要的任务。

第二节 黑龙江省绿色食品产业农业服务业的发展对策研究

上面我们详细分析了黑龙江省绿色食品农业服务业发展中存在的主要问题，可以概括为总量和结构两个方面。下面，我们就从这两个方面来进行探讨。

一、在总量上增加供给：建立和完善农业社会化服务体系

为促进农业服务业的发展，增加供给，要改革和完善其供给的组织形式，大力发展农业社会化服务。农业社会化服务体系建设改革的重要内容是把政府体系的农业技术推广业务划分为公益性服务项目、半公益性服务项目和私人产品服务项目，并坚定地推进基层农技推广体制的创新。这些做法能有效遏制基层农村推广机构队伍大幅度缩减的趋势，使基层农技推广体系基本保持完整，使广大农业技术服务人员在农业生产一线继续发挥着重要作用。公益性服务项目有非排他性和非竞争性的特点，主要由政府公共服务机构向社会和个人提供；半公益性服务项目具有不同程度的公益性服务项目和私人产品服务项目的性质，需要支付部分费用，可以由中介组织提供。

（一）改革以政府为主导的农业服务机构体制，以公共服务机构为依托完善其公益性服务职能

要按照实现城乡基本公共服务均等化的目标，加快推进体制机制创新，大力发展农业服务业，不断提高农村基本公共服务水平，促进农村社会全面进步。

要进一步确立县级农业服务机构的公益性农业服务职能，构建县级机构的公益性服务模式。①完善县级农业技术服务投资机制；②改进农业技术服务项目费用投入机制；③改革县级农业行政体制，建立一体化的农业行政和农业技术推广创新体系；④剥离非农业技术推广职能人员，推进"一人一村"农业技术推广工程；⑤建立农业技术推广区域中心站，加强技术引进、试验与示范工作；⑥通过多形式、多渠道提高农技服务队伍的素质；⑦加强现代农业信息网络建设；⑧县农业行政主管部门要和县农村信用合作联社、农业银行等金融部门密切合作，不断提高农业社会化服务水平。

乡级农业社会化服务体系改革要做到如下几点。①理顺管理体制，加强县乡合作；规范乡镇农技推广机构的内部管理；精简机构，有条件的地区还可以按经济区域设立跨乡镇的农业推广区域站；科学界定职能，加强公益职能，放活经营

职能。②改革人才管理机制，建立科学的用人机制；加强人员培训，提高人员素质；提高农技推广人员的待遇，提高其工作积极性。③转变推广理念，建立需求反馈机制，拓宽服务范围；创新服务手段和服务方式。④增加对基层农业服务机构的投入。

此外，公共服务机构要加强领导，促进部门协调沟通，以利于公共服务机构公益性服务职能的构建，确保有专项的财政资金，同时争取财政对重大农业技术项目推广和经济欠发达地区的推广工作予以适当补助，促使重大的公益性农业服务、农技人员培训有各级财政专项资金支持。要推进服务机制的创新，增加农业服务的活力，扩大成熟模式的推广工作，当前应重点推广现代农技咨询平台、农业科技入户包村联户制度、农技推广责任制和村级综合服务站等比较成熟的服务模式。通过改革公共服务机构和创新服务机制，使公共服务机构的服务能力与其履行的依托职能相匹配；通过承担公益性的农业社会化服务项目，满足农民的服务需求，促进农业效率的提高。

总之，改革政府服务机构体制、以公共服务机构为依托就是要加强农业公共服务能力建设，创新管理体制，提高人员素质，健全县乡（镇）或区域性农业技术推广、动植物疫病防控、农产品质量监管等公共服务机构；要创新农业公共服务机构管理体制和运行机制，既要改革用人制度，把具有服务意识、真才实学的专业技术人员、大中专毕业生选拔到农业公共服务岗位上来，还要完善考评制度，将农业公共服务人员的工作量和为农民服务的实绩作为主要考核指标，让农民评价，并将农民的评价作为重要考核内容；要改革分配制度，使农业公共服务人员的收入与岗位职责、工作业绩挂钩，充分调动他们的工作积极性和主动性。进一步通过国家公益性服务机构的重大技术推广、科学技术培训、动植物疫病防控、农机服务及跨区作业、农资质量监督等公益服务，为新时期农业和农村经济的发展做出更大贡献。

（二）壮大村集体经济实力，进一步提高其农业服务能力

村级服务组织在发挥农业社会化服务功能上处于特殊地位，起着直接作用。村级农业社会化服务直接服务于农户，也是各层次农业社会化服务的基础。其功能是通过参与其他基层服务组织服务，将村级及其以下基层服务主体联系起来，把乡级及其以上层次的服务引入到每一个农户中，起到内联农户、外联经济技术部门和其他各种服务组织的纽带作用。因此，要发展壮大村级服务组织，壮大其提供农业社会化服务的能力。

（1）大力发展村级集体经济，不断壮大村级集体经济组织服务实力。要因地制宜地发展村级集体经济，加强对农村集体资产的管理，实现集体资产的保值增值。

（2）切实加强农村基层组织建设，强化农业社会化服务体系建设的组织保障。首先，要选好配好基层党组织负责人，大力整顿基层党组织；其次，要通过"两推一选"等办法，将那些责任心强、有能力、对农村工作有热情、群众认可的优秀人才选拔到基层领导岗位；再次，要建立村干部定期培训制度，重点做好村干部思想政治培训、政策法规培训、经营管理技能培训，努力提高农村基层干部整体素质；最后，要为基层干部提供个性化的政治关怀和人文服务。

（3）明确村级集体经济组织功能定位，完善村集体服务功能。当前村级集体经济组织应根据自身情况，有针对性地调整自身的角色和服务内容。

（4）强化政府对村级集体经济组织的扶持力度，如对集体经济发展提供资金、信贷和税收上的扶持。财政能力好的地方政府应该给予村级组织更多的财力支持。

（5）要逐步推进村级服务站点建设。现在不少地方的行政村设立了动物防疫员、农业技术员、公共卫生员等村级公益服务员。从2008年起，中央财政已经对每村一名动物防疫员每年给予1000元的补助。在此基础上，可以逐步建设村级服务站点，使村级组织承担部分农业公共服务和村级公益事务。

（6）根据农民的需要，可以考虑设立若干农业服务小组或服务站，为农户提供产、供、销一体化服务，服务内容主要为：搞好以化肥、农药为主的农业生产资料供应与服务；为当地群众供应日常生活用品、建材、粮油、食品；搞好农机具的出租、维修等服务；提供信息和技术服务，指导农民配方施肥、科学用药；加强与农民的沟通和交流，及时向上级反映农民的意见，并根据农户需求，提前调查摸底，及时组织货源和送货上门。

（三）扶持农民专业合作组织的发展，完善运行机制，提高服务能力，进一步加强合作组织在农业社会化服务中的基础地位

（1）各级政府对农民合作经济组织采取恰当、有效的扶持政策。县级以上财政部门可设立扶持农民合作经济组织的专项资金；对于由弱势群体组成的专业性合作组织，政府应在税收上给予最大限度的优惠；国家政策性金融机构和商业性金融机构应当采取多种形式，为农民合作经济组织提供多渠道的资金支持和金融服务；政府机构要为农民合作经济组织提供信息和培训等方面的服务。

（2）完善农民专业合作经济组织内部的运行机制。其在成立时县乡政府部门应有意识地进行引导，按照《中华人民共和国农民专业合作社法》的要求完善内部治理结构；对于由农村大户牵头成立的合作社，要在产权结构上对其参股份额进行限制，或者通过鼓励其他成员增加股份的办法稀释大户的股份。要在分配机制上对合作组织领导人给予适当激励，保证组织的顺利发展；利益分配机制需要规范化，要实现从当下的按股权分红逐步向按交易额分红过渡。要按照《中华人

民共和国农民专业合作社法》的要求，建立健全合作组织的民主决策制度。

（3）促进农民专业合作组织向一体化方向发展，为农民提供综合性服务。要坚持一体化服务方向，不断扩展农业服务项目，把商业、科技、加工、金融等和农业结合起来，将农业生产的产前、产中、产后服务联成一体，使其共同经营和发展，为农户提供综合、系统的服务。在有条件的地方，专业合作组织可以在财产权明晰的前提下进行联合和协作，发展成较大的区域性合作组织，最终把专业合作、金融合作、供销合作和发展农村社区合作有机结合起来，为农民提供多方面服务。

（四）提高农业龙头企业的服务能力，完善企业与农户的利益联结机制，进一步加强龙头企业在农业社会化服务中的骨干作用

国际经验表明，发展农业产业化经营，是实现传统农业向现代农业转型的必由之路。龙头企业具有较强的市场开拓、科技创新和经营管理能力，是发展现代农业的重要力量。在黑龙江省农村经济发展的现阶段，提高农业产业化和农业现代化水平，很大程度上取决于农业龙头企业的发展状况。

（1）龙头企业应该树立服务意识，为农民提供全方位的社会化服务。龙头企业要对整个产业链条上的每一个环节进行指导和监控，并投入高水平的社会化服务资源，确保产品能有较高品质并适应国际、国内市场的需要。

（2）政府应明确扶持方向，落实相关政策。首先，政府机构应该把龙头企业产品的定位放在依托地区资源优势、生产高端产品和具有国际市场竞争力的品牌产品上来，重点扶持一到两个能够带动整个地区发展、农民致富的优质企业；其次，要对龙头企业提供的农业社会化服务提供全面的支持，包括组织、机构、人员、资金等的全面落实。

（3）金融部门要向农业产业化龙头企业进行相应的政策倾斜。在信贷规模和利率等方面要给予优惠和扶持，尤其在原料农产品收购期间，要提供足够的信贷资金来帮助企业渡过资金周转的难关。

（4）龙头企业应努力提高员工的整体素质，对员工进行相关的职业培训，增加员工的职业技能和业务水平。对于与农民直接打交道的服务人员，如农技推广人员，更应该加强其业务水平。

（5）不断完善龙头企业和农民的利益联结机制，建立企业与农户的责、权、利相一致的共同体。通过农业龙头企业的带动和农业产业化经营，开展统一供应良种、统一生产技术标准、统一病虫害防治、统一销售农产品等服务，共同分享农业产业化经营和社会化服务所带来的利益，推进现代农业的发展和社会主义新农村建设。

（五）不断提高农村经纪人的服务能力，降低服务风险

农村经纪人是促成农产品顺利进入全国乃至世界流通网络的一个群体，在农业社会化服务中尤其是在产后环节上起到了至关重要的作用。第一，为农民解决产后销售问题，促进农民的小生产与大市场的顺利对接。第二，能降低农户的交易费用和机会成本，总体上提高农民的收入。第三，有利于调整农村产业结构，促进农村产业规模的扩大。第四，能有效推动农村富余劳动力的转移，促进农村社会分工体系的完善。第五，在一定程度上能促进农村基层政府职能的转变。

因此，首先，要加大政策扶持力度，为经纪人合法经营、文明经营创造公开、公平的竞争环境。其次，提高农村经纪人的组织化水平，做好组织、协调工作，引导农村经纪人建立联合体和行业协会。再次，加强对农村经纪人的培训，提高其业务素质，帮助他们掌握必要的法律、农产品营销和经纪业务知识，增强其守法诚信经营意识，从而有力提高其自身综合素质。最后，加大宣传力度，以扩大农村经纪人在农村的影响，引导农民积极投身于农村经纪人行业。

二、在结构上根据需要调整农业服务业发展方向

根据学者的研究调查，农户对综合性农业服务的需求强度按从强到弱的顺序分别为：价格信息服务、技术信息服务、信用等级证明服务、介绍贷款渠道服务、政策法律信息服务、贷款担保服务、组织集体贷款服务和组织外出打工服务。农户对种植业农业服务的需求强度按从强到弱的顺序分别为：水利设施服务、灌溉服务、购买农药服务、购买化肥和农机服务、购买良种服务、收购与销售服务、打药及播种的技术指导服务、施肥服务、运输服务、租用农机服务、农机修理服务、大宗农作物脱粒服务、农产品储存服务、农作物采摘服务、机耕服务、农产品包装服务、农产品加工服务和大宗农作物收割服务。农户对种植养殖业单项农业服务的需求强度按从强到弱的顺序分别为：饲养技术服务、畜禽防疫服务、提供优良种畜禽的服务、畜禽治病服务、畜禽销售服务、饲料供应服务、畜禽产品运输和加工服务、屠宰服务。因此，应该根据农户的需要调整农业服务业的发展方向，积极发展现代农业服务业，选择好突破口。

（一）创新农业信息化建设机制

一是应探索引导社会力量参与的不同模式。二是要重视发展农村信息员队伍。政府应加大投入，组织开展培训，同时研究推进农村信息员职业技能资格认证鉴定工作。三是要在生产经营信息化上下大功夫。目前来看，最具备条件的是大型设施蔬菜基地、规模化畜禽水产养殖场和质量安全追溯领域。

（二）加快推进农村流通服务业的发展

"卖难"是导致农民增产不增收的症结所在，流通问题成为制约农民增收的瓶颈，因此大力发展农村流通服务业迫在眉睫。

首先要加强和扩充流通设施的建设，主要重在以下四个方面。一是要强化运营功能设施。要使农业生产资料及时运入产区，农副产品源源不断地运往销地，必须要有良好的运营设施，确保运输线路畅通。二是要增加必要的加工设施。搞好农副产品的加工是搞好流通的一个重要环节。这对于方便储存、满足市场需求、增加农副产品附加值都具有很重要的意义。应该根据需要，不断增加和完善农副产品加工设施，促进流通。三是要改善仓储条件。农副产品生产由于受季节、储存等条件的限制，往往在农副产品收获后，农民就急于交售。若收购部门没有充足的仓储条件，就无法满足农民到期内高度集中交售产品的情况，所以必须加强仓储设施的建设。四是要建设专业市场。要加快推进批发市场升级改造：一方面，要增强市场的"硬实力"，即完善各项基础设施，满足农产品集散、交易、质检、仓储等需求；另一方面，要增强市场的"软实力"，即通过创新交易方式、编制产品价格指数、制定产品分等分级标准、引进外部战略合作伙伴和职业经理人等方式，提高市场的管理水平和影响。要建立多层次的专业市场，加强市、县、区等各级农产品专业市场、批发市场和现代营销体系建设，促进农产品流通。推进大型粮食物流节点、农产品冷链系统和生鲜农产品配送中心建设。加大力度支持重点产区和集散地农产品集贸市场、批发市场等流通基础设施建设。另外还要加强会展业，为农产品提供展销平台，扩大农产品销售渠道。

其次要加强渠道终端建设。依托成立于2012年8月的黑龙江省商品营销协会，在全国各地逐步建立以销售黑龙江省产品为主的直销连锁店，统一采购、统一配送、统一结算、统一形象，使省内外消费者可以购买到质优价廉的黑龙江产品，拓展产品的销售。

最后要大力发展第三方物流。构建高效、有序、顺畅的现代农产品流通体系是黑龙江省今后努力的方向，为此要大力发展第三方物流。第三方物流提供一体化和专业化的服务，连接农户和批发市场，承担了农产品的加工、包装、保管、运输、装卸搬运、信息传递、销售等业务，节约了交易和时间成本，也增加了就业。

（三）推进农业科技服务业

实现农业持续稳定发展、长期确保农产品有效供给，根本出路在科技。农业科技是确保国家粮食安全的基础支撑，是突破资源环境约束的必然选择，是加快现代农业建设的决定力量，具有显著的公共性、基础性、社会性。必须紧紧抓住世界科技革命方兴未艾的历史机遇，坚持科教兴农战略，把农业科技摆上更加突出的位置，下决心突破体制机制障碍，大幅度增加农业科技投入，推动农业科技跨越发展，为农业增产、农民增收、农村繁荣注入强劲动力。

明确农业科技创新方向。着眼长远发展，超前部署农业前沿技术和基础研究，力争使中国农业在世界农业科技前沿领域占有重要位置。面向产业需求，着力突破农业重大关键技术和共性技术，切实解决科技与经济脱节问题。

完善农业科技创新机制。打破部门、区域、学科界限，有效整合科技资源，建立协同创新机制，推动产学研、农科教紧密结合。按照事业单位分类改革的要求，深化农业科研院所改革，健全现代院所制度，扩大院所自主权，努力营造科研人员潜心研究的政策环境。完善农业科研立项机制，实行定向委托和自主选题相结合、稳定支持和适度竞争相结合。完善农业科研评价机制，坚持分类评价，注重解决实际问题，改变重论文轻发明、重数量轻质量、重成果轻应用的状况。大力推进现代农业产业技术体系建设，完善以产业需求为导向、以农产品为单元、以产业链为主线、以综合试验站为基点的新型农业科技资源组合模式，及时发现和解决生产中的技术难题，充分发挥技术创新、试验示范、辐射带动的积极作用。落实税收减免、企业研发费用加计扣除、高新技术优惠等政策，支持企业加强技术研发和升级，鼓励企业承担国家各类科技项目，增强自主创新能力。积极培育以企业为主导的农业产业技术创新战略联盟，发展涉农新兴产业。加快农业技术转移和成果转化，加强农业知识产权保护，稳步发展农业技术交易市场。

（四）提升农村金融服务水平

加大农村金融政策支持力度，持续增加农村信贷投入，确保银行业金融机构涉农贷款增速高于全部贷款平均增速。完善涉农贷款税收激励政策，健全金融机构县域金融服务考核评价办法，引导县域银行业金融机构强化农村信贷服务。大力推进农村信用体系建设，完善农户信用评价机制。深化农村信用社改革，稳定县（市）农村信用社法人地位。发展多元化农村金融机构，鼓励民间资本进入农村金融服务领域，支持商业银行到中西部地区县域设立村镇银行。有序发展农村资金互助组织，引导农民专业合作社规范开展信用合作。

改革农村信用社的服务机制和服务方式，提高其资金供给能力和服务能力。①以小额信贷为主，推进金融产品创新。通过金融创新，降低交易成本，减少信息不对称导致的风险问题，增加对农户、农村中小企业与农民专业合作组织的信贷供给。②推进抵押品替代机制创新。例如，商业信用、信贷保险等，使农户和小企业摆脱"抵押品不足"的困境，解决交易成本高、信息不对称问题，缓解农户和小企业贷款难的状况。③发挥农民专业合作组织的作用，增加对农户的信贷供给。农村信用社可以开发利用现有的、具有广泛群众基础的农民专业合作社作为营销渠道，通过机构之间的联结，直接面向农户提供零售性金融服务。④大力推进农村信用体系建设。推动农村信用乡（镇）、村创建活动的开展，对信用乡（镇）、信用村和信用户提供有力的信贷支持，营造良好的信用环境。⑤继续推进体制机制改革。在农民自愿入股、民主管理的原则下让入股农民享有决策权，形成民主管理、科学决策的有效机制，恢复农村信用社的合作性质。通过机制改革，进一步提高农村金融服务水平，增加对农业的投入，促进贸、工、农综合经营，促进城乡一体化发展，促进农业和农村经济的发展。⑥健全完善风险管理，依法开展农村金融服务。通过健全完善风险管理、分担制度，国家给予适当的政策支持，相关管理部门制定出防范风险的对策和具体措施；通过大力改善地区司法环境，依法维护农村信用社的合法权益，促进农村信用合作事业稳定、健康发展。⑦对于真正贷给农民和农民专业合作组织的信贷资金，国家在政策上要给予减税或免税优惠，以此鼓励农村信用社为三农服务。

完善符合农村银行业金融机构和业务特点的差别化监管政策，适当提高涉农贷款风险容忍度，实行适度宽松的市场准入、弹性存贷比政策。继续发展农户小额信贷业务，加大对种养大户、农民专业合作社、县域小型微型企业的信贷投放力度。加大对科技型农村企业、科技特派员下乡创业的信贷支持力度，积极探索农业科技专利质押融资业务。支持农业发展银行加大对农业科技的贷款力度。鼓励符合条件的涉农企业开展直接融资，积极发展涉农金融租赁业务。扩大农业保险险种和覆盖面，开展设施农业保费补贴试点，扩大森林保险保费补贴试点范围，扶持发展渔业互助保险，鼓励地方开展优势农产品生产保险。健全农业再保险体系，逐步建立财政支持下的农业大灾风险转移分散机制。

绿色食品从生产到销售都有比较严格的规定，对 AA 级产品尤为如此，因此，加强对绿色食品产业的认证、管理，实现标准化也是尤为重要的。

参 考 文 献

常富德，刘珍琴. 2004. 浅谈美国农业技术推广方式与启示. 宁夏农林科技，（6）：55-56.

陈俊红，陈慈，王铭堂. 2015. 以服务业的发展引领农业现代化. 农业经济，（3）：7-9.

陈凯. 2008. 美国服务业内部结构变动趋势分析. 软科学，（3）：52-56.

陈鸣，肖刚纯. 2016. 农业生产性服务业促进职业农民培育的实证研究. 内蒙古农业大学学报（社会科学版），（1）：15-21.

陈宪. 2000. 国际服务贸易：原理·政策·产业. 上海：立信会计出版社：73.

陈新平. 2008. 服务业供应链 IUE-SSC 模型及其在信息服务业的应用. 图书馆学研究，（7）：68-71.

陈一斌，陈和平. 2009. 走近美国农业专利制度与农业技术转让. 北京农业，（32）：6-8.

方远平，毕斗斗. 2008. 国内外服务业分类探讨. 国际经贸探索，（1）：72-76.

封岩. 1997. 荷兰农技推广的变化. 世界农业，（10）：48-49.

冯立东，赵国忠. 2007. 加快发展农村服务业的重要意义. 山东经济战略研究，（4）：32-33.

高颖，刘竹青，刘玉梅. 2010. 我国农业服务业模式及机制创新研究. 劳动保障世界（理论版），（11）：54-56.

顾乃华. 2005. 1992—2002 年我国服务业增长效率的实证分析. 财贸经济，（4）：85-90，97.

顾乃华，毕斗斗，任旺兵. 2006. 生产性服务业与制造业互动发展：文献综述. 经济学家，（6）：35-41.

关秀丽. 2008. 国际经济结构调整的现状及趋势. 中国经贸导刊，（3）：19-21.

郭庆海. 2015. 吉林省农业服务业发展探析. 吉林农业大学学报，（5）：505-511.

郭熙保，崔小勇. 2003. 信息化、工业化与后发优势. 教学与研究，（3）：10-14.

郭熙保，刘莹. 2002. 工业化、信息化与信息产业. 经济理论与经济管理，（3）：26-30.

郭玉山，王森. 2002. 德国的综合技术能力. 全球科技经济瞭望，（6）：51.

国家发改委产业经济与技术经济研究所课题组，王云平，蓝海涛，等. 2016. 加快推进产业新体系建设. 经济研究参考，（28）：4-15.

韩冬筠，李勇坚. 2007. 中国服务业发展趋势的定量分析与政策思路. 学习与探索，（3）：139-141.

何卫中. 2014. 加快现代农业服务业发展对策研究. 农村经济与科技，（3）：30-31，153.

黑龙江省工商局大数据研究课题组. 2016. 商标战略助推黑龙江省农业市场主体发展的路径研究. 中国市场监管研究，（2）：39-43.

黄莉莉，史占中. 2006. 国外农业科技成果转化体系比较及借鉴. 安徽农业科学，（1）：151-153.

黄少军. 2000. 服务业与经济增长. 北京：经济科学出版社.

黄维兵. 2003. 现代服务经济理论与中国服务业发展. 成都：西南财经大学出版社.

黄雯，程大中. 2006. 我国六省市服务业的区位分布与地区专业化. 中国软科学，（11）：60-73.

江小涓. 2004. 我国服务业加快发展的条件正在形成. 首都经济贸易大学学报，（3）：18-20.

姜长云. 2013. 加快发展方式转变 优先支持农业服务业. 宏观经济管理，（3）：48-49, 52.

姜大立，冯杰峰. 2004. 我国公路物流发展趋势及对策. 综合运输，（1）：55-57.

金芳芳. 2016. 美国的农业现代服务业及其借鉴. 农村经济与科技，（14）：168-169.

阚中华. 2012. 淮安市现代农业服务业发展的影响因素研究. 湖南农业科学，（20）：34-37.

库兹涅茨 S. 2005. 各国的经济增长. 常勋，等译. 北京：商务印书馆：211.

李冠霖. 2002. 第三产业投入产出分析：从投入产出的角度看第三产业的产业关联与产业波及特性. 北京：中国物价出版社：87-90.

李慧，阴朋莉. 2016. 基于 DEA-Tobit 模型的生产性服务业对农业生产效率的影响——以河南省为例. 技术与创新管理，（6）：678-683.

李慧欣. 2003. 发展乡村旅游的经济学思考. 华中农业大学学报（社会科学版），（2）：37-39.

李江帆. 1990. 第三产业经济学. 广州：广东人民出版社：424.

李江帆. 2001. 马克思对第三产业理论的提示及其现实意义. 福建论坛（人文社会科学版），（2）：2-7.

李江帆. 2004. 中国第三产业的战略地位与发展方向. 财贸经济，（1）：65-73.

李江帆. 2005. 产业结构高级化与第三产业现代化. 中山大学学报（社会科学版），（4）：124-130, 144.

李江帆，毕斗斗. 2004. 国外生产服务业研究述评. 外国经济与管理，（11）：16-19, 25.

李江帆，黄少军. 2001. 世界第三产业与产业结构演变规律的分析. 经济理论与经济管理，（2）：29-34.

李江帆，曾国军. 2003. 中国第三产业内部结构升级趋势分析. 中国工业经济，（3）：34-39.

李善同. 2002. 凸现新经济特点——世界服务业发展趋势. 国际贸易，（3）：26-30.

李铜山. 2011. 我国现代农业服务业发展研究. 农业经济，（3）：41-43.

李小热，夏杰长. 2009. 新农村建设与农村服务业的体制改革和创新//何德旭. 中国服务业发展报告. 北京：社会科学文献出版社：303-326.

李奕陶. 2009. 东北经济区产业结构升级的对策研究. 长春：长春理工大学.

李悦，等. 2008. 产业经济学. 3 版. 北京：中国人民大学出版社：88.

李悦，李平. 2002. 产业经济学. 大连：东北财经大学出版社：78.

林跃勤. 2005. 中国服务业：赢弱与图强. 科学决策，（8）：10-13.

刘继国. 2009. 制造业服务化发展趋势研究. 北京：经济科学出版社：14-15.

刘伟，李绍荣. 2002. 产业结构与经济增长. 中国工业经济，（5）：14-21.

芦千文，姜长云. 2016. 我国农业生产性服务业的发展历程与经验启示. 南京农业大学学报（社会科学版），（5）：104-115, 157.

吕政，刘勇，王钦. 2006. 中国生产性服务业发展的战略选择——基于产业互动的研究视角. 中国工业经济，（8）：5-12.

马健. 2002. 产业融合理论研究评述. 经济学动态，（5）：78-81.

马歇尔 A. 1964. 经济学原理（上卷）. 朱志泰译. 北京：商务印书馆：29.

欧新黔. 2008. 服务业将是中国的主导产业. 中外管理，（1）：39-41.

彭光芒. 2002. 中国农村科技传播媒介环境的现状及评价. 世界农业，（8）：50-52.

苏东水. 2000. 产业经济学. 北京：高等教育出版社：23.

王德萍，孟履巅. 2008. 中国农业服务业的发展. 上海经济研究，（8）：13-17.

王吉科，颜廷标. 2004. 河北服务业发展. 北京：社会科学文献出版社.

王建忠，王斌. 2015. 发达国家现代农业服务业的发展特点及趋势. 世界农业，（1）：32-35，143.

王娟娟，汪海粟. 2009. 工业设计服务业与产业结构优化的互动研究——以湖北省为例. 武汉大学学报（哲学社会科学版），（3）：382-388.

王立萍. 2009. 黑龙江省农村服务业发展现状及对策研究. 商业经济，（24）：13-14.

王望. 2007. 中国的科技和创新能力现状. 全球科技经济瞭望，（11）：4-5.

王耀中，江茜. 2016. 生产性服务业对农业现代化效率的影响. 商业研究，（1）：22-30，192.

王忠宏，石光. 2010. 发展战略性新兴产业推进产业结构调整. 中国发展观察，（1）：12-14.

魏勤芳. 2005. 美国农业科技体系及运行机制. 中国农业大学学报，（2）：15-18.

吴敬琏. 2007. 经济增长的三大源泉. 当代经济，（6）：1.

夏杰长. 2007. 体制创新与技术进步：促进我国服务业快速高质发展的“双引擎”. 学习与探索，（3）：116-122.

夏杰长. 2008. 高新技术与现代服务业融合发展研究. 北京：经济管理出版社：46.

肖建中，何永达. 2011. 浙江农业服务业发展问题研究. 浙江农业学报，（3）：629-633.

谢伊 O. 2002. 网络产业经济学. 张磊，等译. 上海：上海财经大学出版社：67.

熊彼特 J. 1990. 经济发展理论. 何畏，易家详，等译. 北京：商务印书馆.

熊红星. 2006. 网络效应、标准竞争与公共政策. 上海：上海财经大学出版社：16，24-29，241-247.

修莹. 2016. 现代农业与服务业交叉融合发生机制及路径分析. 烟台：烟台大学.

许世卫，李哲敏. 2005. 荷兰、法国农业科研体制及对我国的启示. 科学管理研究，（6）：97-101.

杨公朴，于春晖. 2005. 产业经济学. 上海：复旦大学出版社：305.

游小萍. 2008. 发展现代生产性服务业与产业结构升级. 开放潮，（1）：46-47.

于凡，郭庆海. 2012. 发挥农民合作组织的主体作用 促进农业服务业发展——以吉林省农民专业合作组织为例. 农业经济，（2）：44-46.

于文涛. 2008. 我国生产性服务业发展的对策建议. 宏观经济管理，（2）：31-32，38.

袁日进. 2009. 新形势下的兽医工作思考. 中国牧业通讯，（8）：15-16.

原毅军，董琨. 2008. 产业结构的变动与优化：理论解释和定量分析. 大连：大连理工大学出版社：4.

张成君，陈忠萍. 2001. 论拓展我国乡村旅游经济的空间. 经济师，（7）：60-61.

张华建，贾昌平，牛运生，等. 2003. 赴美加农业及技术推广情况的考察报告. 安徽农学通报，（1）：1-3，7.

张慧琴，周章婧. 2016. 大庆现代农业与服务业融合发展路径及机制研究. 大庆社会科学，（2）：60-62.

张淑君. 2006. 服务业就业效应研究. 北京：中国财政经济出版社：26，35.

张艳，苏秦，陈婷. 2008. 制造业、生产者服务业及消费者服务业之间的技术溢出效应分析. 科技管理研究，（6）：273-275.

张艳莉，王雅文. 2007. 荷兰农民教育经验对我国提高农民素质教育的启示. 哈尔滨市委党校学报，（2）：94-95.

张颖熙，夏杰长. 2011. 服务消费结构升级的国际经验及其启示. 重庆社会科学，（11）：54-64.

张玉，赵玉，祁春节. 2007. 荷兰高效农业研究及启示. 农场经济管理，（3）：57-59.

张志华，余汉新，李显军，等. 2015. 我国绿色食品产业发展战略研究. 中国农业资源与区划，（3）：35-38.

赵继海，竺海康，陈益君. 2000. 农村信息需求的调查分析及其对网络建设的若干思考. 农业图书情报学刊，（5）：1-5.

赵晋平. 2007. 20 世纪 90 年代以来日本产业结构的演变及其启示. 国际贸易，（9）：39-45.

郑吉昌，夏晴. 2010. 生产性服务业的产业集群问题. 改革，（5）：145-148.

周建华，尤玉平. 2004. 中美农业科教体系的比较与启示. 经济论坛，（20）：121，132-133.

周兆佳. 2012. 南通市农业服务业发展分析. 统计科学与实践，（11）：57-59.

周振华. 2003. 发展现代服务业要选准突破口. 上海综合经济，（5）：20-21.

Andersen B, Howells J, Hull R, et al. 2000. Knowledge and Innovation in the New Service Economy. Cheltenham: Edward Elgar.

Arthur W B. 1989. Competing technologies, increasing returns and lock-in by historical events. Economic Journal, 99: 116-131.

Baumol W J. 1967. Macroeconomics of unbalanced growth: the anatomy of urban crisis. American Economic Review, 57: 415-426.

Baumol W J. 1985. Rebirth of a fallen leader: Italy and the long period data. Atlantic Economic Journal, (3): 12-26.

Bhagwati J N. 1984. Splintering and disembodiment of services and developing nations. The World Economy, 7: 133-144.

Browning H L, Singelmann J. 1975. The Emergence of a Service Society: Demographic and Sociological Aspects of the Sectoral Transformation of the Labor Force in the U.S.A. Springfield: National Technical Information Service.

Bruun P, Bennett D. 2002. Transfer of technology to China: a Scandinavian and European perspective. European Management Journal, 20: 98-106.

Coffey W J, Polese M. 1989. Producer services and regional development: a policy-oriented perspective. Papers of the Regional Science Association, 67: 13-27.

Coe N M. 2000. The externalisation of producer services debate: the UK computer services sector. Services Industries Journal, (2): 64-81.

Czarnitzki D, Spielkamp A. 2003. Business services in Germany: bridges for innovation. The Service Industries Journal, 23(2): 1-30.

den Hertog P, Bilderbeek R. 2000. The new knowledge infrastructure: the role of technology-based knowledge-intensive business services in national innovation systems//Boden M, Miles I. Services and the Knowledge-Based Economy. London: Continuum: 251-268.

Farrell J, Saloner G. 1985. Standardization, compatibility, and innovation. The Rand Journal of Economics, 16(1): 70-83.

Farrell J, Saloner G. 1986. Installed base and compatibility: innovation, product preannouncements, and predation. American Economic Review, 76(5): 940-955.

Fisher A. 1935. The Clash of Progress and Security. London: McMillan & Co. Ltd.

Greenfield H. 1966. Manpower and the Growth of Producer Services. New York: Columbia University Press.

Hansen N. 1993. The strategic role of producer services in regional development. International Regional Science Review, 16:187-195.

Howells J, Green A. 1988. Technological Innovation, Structural Change and Location in UK Services. Aldershot: Avebury.

Katouzian M A. 1970. The development of the service sector: a new approach. Oxford Economic Papers, 22: 362-382.

Katz M L, Shapiro C. 1986. Technology adoption in the presence of network externalities. Journal of Political Economy, 94: 822-841.

Miles I. 2008. Patterns of innovation in service industries. IBM Systems Journal, 47(1): 115-128.

Miles I, Mark D, Bolisani E. 2000. E-commerce: servicing the new economy//Andersen B, Howells J, Hull R, et al. Knowledge and Innovation in the New Service Economy. Cheltenham: Edward Elgar: 89-102.

Muller E, Zenker A. 2001. Business services as actors of knowledge transformation: the role of KIBS in regional and national innovation systems. Research Policy, 30: 1501-1516.

Reinert K A. 1998. Rural non-farm development: a trade-theoretic view. Journal of International Trade & Economic Development, 7: 425-437.

Singelmann J. 1978. From Agriculture to Services: The Transformation of Industrial Employment. Beverly Hills and London: Sage Publications.

Syrquin M, Chenery H. 1989. Three decades of industrialization. The World Bank Economic Review, 3(2): 145-181.

ten Raa T, Schettkat R. 2001. The Growth of Service Industries: The Paradox of Exploding Costs and Persistent Demand. Cheltenham: Edward Elgar Publishing Limited.

Triplett J E, Bosworth B P. 2002. "Baumol's Disease" Has Been Cured: IT and Multifactor Productivity in U. S. Services Industries. Washington DC: The Brookings Institution.

Vandermerwe S, Rada J. 1988. Servitization of business: adding value by adding services. European Management Journal, 6(4): 314-324.

White A L, Stoughton M, Feng L. 1999. Servicizing: The Quiet Transition to Extended Product Responsibility. Boston: Tellus Institute.